Hartmut Luther · Soft Horse Riding

Dieses Buch ist
meinen Eltern Adelheid und Kurt Luther gewidmet,
denen ich im Leben soviel Liebe und
Fürsorge verdanke.

Das sanfte Anreiten junger Pferde

Soft Horse Riding

Hartmut Luther

Müller Rüschlikon

Einbandgestaltung: Katja Draenert

Titelfoto: Carmen Lux, Essen

Bildnachweis:
Nicole Doberstein, Velbert (S. 11, 12), Sandra Forster, Bochum (S. 108, 109), Rita Heikamp, Bochum (S. 56, 94), Hartmut Luther, Hattingen (S. 21, 84, 85, 119), Carmen Lux, Essen (S. 53, 135, 151), Elfriede Odenstein, Wien (S. 73). Alle übrigen Fotos und die grafischen Darstellungen stammen von Michael Kobusch, Lüdenscheid.
Die Karikaturen auf den S. 69 und 145 sowie die Sepiazeichnung auf S.3 wurden von Ingeburg Mostowy, Duisburg, erstellt.

ISBN 3-275-01465-X

1. Auflage 2003

Lektorat: Claudia König
Text: Ruth Stark
Innengestaltung: Satz & mehr, Reinhard Günl, 74354 Besigheim
Druck: Rung Druck, 73033 Göppingen
Bindung: Karl Dieringer GmbH, 70839 Gerlingen
Printed in Germany

Inhalt

VORWORT

Ein Vater bat einen Reitmeister früherer Jahrhunderte, er möge doch nur seinem Sohn beibringen, dass dieser mit seinen Hilfen beim Pferd das erreichen könne, was er von ihm erwarte. Der Reitmeister wiegte den Kopf und meinte, dass er sich sein Leben lang bereits bemühte, dieses Ziel für sich selbst zu erstreben.

Je größer und tiefer ihr Wissen und Können war, desto bescheidener wurden die alten Meister der Reitkunst in der Bewertung ihres Wissens und Könnens. Überraschten sie doch immer wieder neu gewonnene Erkenntnisse und versetzten sie diese in große Unruhe. Ihr höchstes Glücksgefühl suchten und fanden sie dann beim Reiten in noch größerer Harmonie und noch größeren Einklang mit ihren Pferden, denen dadurch ein langes, gesundes und zufriedenes Leben beschieden war.

Vieles von dem, was in Jahrhunderten erforscht, erprobt und sich in langer Periode bewährt hatte, geriet entweder in Vergessenheit oder wurde durch zweifelhafte »Neuerungen« abgelöst. Dass die Pferde hierbei meistens physisch und psychisch den Kürzeren zogen, wurde nicht erkannt oder nicht gefragt. Dies hat sich erfreulicherweise gewaltig geändert. Noch vor fünfundzwanzig Jahren wurde ich allzu häufig belächelt, wenn ich so genannten Freizeitreitern vorschlug, ihre Pferde doch durch Lektionen wie Volten, Seitengänge und dergleichen zu gymnastizieren. Gleichso erging es mir, wenn ich konventionellen Reitern Geschicklichkeitsübungen zur Abwechselung für ihre Pferde empfahl, die so ihr »Nervenkostüm« ungemein stärken könnten.

Als dann meine Reitlehrmethode, die all dies bedachte, langsam bekannt wurde, begegnete ich einem jungen Reiter, der mir erklärte, dass das von mir gelehrte und praktizierte Reiten genau das wäre, wonach er seit längerem mit großer Unruhe suchte. Hartmut Luther, dessen Unzufriedenheit über das in seinem Umfeld gelehrte und praktizierte Reiten die Überlegung bei ihm ausgelöst hatte, dass doch noch ein anderes Reiten möglich sein müsste, wurde mein Schüler.

In der Freizeitreit-Akademie® in Hiddingen erhielt Hartmut Luther als besonders Begabter eine entsprechende Ausbildung mit dem Ziel der Zulassung zur Prüfung als autorisierter und beurkundeter Trainer in der Claus

Penquitt Reitlehre. Die recht umfangreiche und mehrere Tage dauernde Prüfung bestand Hartmut Luther mit Bravour.

Hartmut Luthers seit nunmehr vielen Jahren andauernde Begeisterung für anspruchsvolles Reiten und sein Ideenreichtum, mit dem er Geist und Inhalt der von ihm vertretenen Reitlehre mit allen Fasern seines Herzens vertritt, wirken seit eh und je immer wieder ansteckend. Zu seiner Überlegung, in Ergänzung des in Wort und Bild in der Freizeitreit-Akademie® Gelehrten ein Buch zu schreiben, welches das vorausgehende Einreiten und die ersten Schritte unter dem Sattel zum Thema hat, kann man ihm nur gratulieren.

Claus Penquitt

Wie alles begann

Ich hatte mein erstes Pferd *Velvet* bei einem Welsh-Cob- Züchter gekauft, der im Begriff war, seine Zucht aufzugeben. So stand die Rappstute als letzte aus dem Bestand zum Verkauf. Sie war fünf und hatte noch nicht viel gelernt, was mir als Reitanfänger helfen konnte. Ich war froh, dass sie mir nach einigen Tagen hartnäckigen Übens wenigstens die Hufe zum Auskratzen gab.

Reiterfreunde sagten mir, dass sie die Konstellation »Anfänger – rohes Pferd« äußerst gewagt fänden. Ehrlich gesagt, hatte ich selbst große Bedenken, aber der »Pferdevirus« hatte mich bereits befallen. Ich setzte alles daran, mein Defizit aufzuarbeiten.

Nur – ich hatte die magische Grenze von dreißig Jahren überschritten und es fiel mir nicht mehr so leicht, Dinge zu erlernen, die Kinder spielerisch und mühelos aufnehmen.

Ich suchte einen Weg, effektiv und doch sanft reiten zu lernen. Einige Antworten fand ich in Reken, bei dem modernen Freizeitreitsystem von Ursula Bruns. Gut gefiel mir dabei, wie die Menschen dort naturgemäß und freundlich mit den Pferden umgingen.

1987 schließlich hatte ich während eines Pferdeurlaubes in der Lüneburger Heide das Glück, Claus Penquitt (Europameister im Westernreiten 1986 und Begründer der Freizeitreit-Akademie® Hiddingen.) kennen zu lernen. Von seiner Art zu reiten fasziniert, begann ich 1988 meine reiterliche Ausbildung bei ihm. Zu der Zeit war die CP-Reitweise noch nicht bekannt, der Bestseller »Die Freizeitreiter-Akademie« noch nicht geschrieben. Ich war einer seiner ersten Schüler. Nicht im Traum dachte ich daran, eines Tages Trainer zu werden. Mein erster fünftägiger Kurs, den ich selbst mitorganisiert hatte, fand in der Nähe von Datteln im südlichen Münsterland statt. Danach folgten im jährlichen Abstand noch zwei weitere. Bei einem der Kurse lernte ich Klaus Ferdinand Hempfling kennen. Für einige Zeit verband uns dann die freundschaftliche Neigung der Wissbegierigen. Wir trafen uns, diskutierten und spielten bei guten Gelegenheiten gemeinsam Gitarre.

Die nächsten drei Jahre verbrachten *Velvet* und ich gemeinsam in intensiver Ausbildung. Wir lernten die ganze Bandbreite der CP-Reitweise kennen, dazu gehörten Zirkel, Volten und viele Muster, auf die ich teilweise in meinem Buch zurückgreife. Aber auch alle Seitengänge wie Schulterherein, Travers und Traversalen in jeder Gangart nahmen wir in unser Repertoire auf. Das Stangen-L und andere knifflige Trailaufgaben lösten wir begeistert. Keine Herausforderung erschien mir mit *Velvet* hoch genug zu sein, um sie nicht einfach anzunehmen. Der Höhepunkt unserer damaligen Vorstellung waren die fliegenden Wechsel. Das Reiten ohne Zaum und Zügel, mein heimliches Ziel, wurde tatsächlich möglich. Stolz war ich dann, als 1991 ein Foto von *Velvet* und mir im *Kos-*

Canela in der Traversale.

mos-Buch vom Reiten (Kosmos-Verlag) unter der Überschrift »Reiten ist eine Sprache« erschien. Ich ritt *Velvet* damals ohne Zaum und Zügel, nur mit Fahnen. Dann passierte, was nie passieren durfte: *Velvet* wurde krank und sollte nicht mehr geritten werden. Das allein schockierte mich. Doch damit nicht genug, *Velvet* starb eine Woche nach der Geburt ihres Fohlens. Das Fohlen wurde liebevoll mit der Flasche aufgezogen. Meine reiterliche Karriere fand jedoch zunächst ein jähes Ende. Nun ging alles wieder von vorne los. Ich kaufte mir ein junges Quarter Horse und ein wenig später die ungerittene vierjährige Andalusierstute *Canela*. Sie war jene Stute, mit der ich später die Prüfung zum CP-Trainer abgelegt habe.

Bis dahin war es aber noch ein weiter Weg. Zuerst brachte ich den Pferden die ersten Schritte bei. Ich tat es diesmal viel bewusster. Ich habe viel probiert und verworfen, immer wieder von den Pferden dazugelernt, meine Technik verfeinert. Zusätzlich besuchte ich Seminare bei Richard Hinrichs oder ließ mich von Jean Claude Dysli, dem Pionier der sanften Westernreiterei, inspirieren. Insbesondere der lose Zügel hatte es mir angetan und ließ mich nicht mehr los. Ich hatte

Claus Penquitt und Hartmut Luther. Hartmut Luther hatte hier gerade die Prüfung zum CP-Trainer bestanden.

Ideen, die ich zu verwirklichen versuchte. Dazu probierte ich mit den unterschiedlichsten Pferden, einen Hauch näher an meinen ersehnten Wunsch zu kommen.

Nach und nach wurde mir klar, dass ich mir den Traum Trainer zu werden erfüllen wollte. Ich besuchte Claus Penquitt zu vielen Einzelstunden, um dem Geheimnis auf die Spur zu kommen. Dann, nachdem wir uns zwei Jahre nicht gesehen hatten, erhielt ich im Januar 1996 auf meinem frisch erworbenen Handy folgende Nachricht: »Harti, hier ist Claus Penquitt, ruf mich mal zurück. Willst du nicht Trainer für meine Reitweise werden? Ich habe mich entschlossen, einige wenige nach einer umfangreichen Ausbildung zu autorisieren, als lizenzierte Trainer in der CP-Reitweise zu unterrichten.«

Der Wendepunkt in meinem Leben war vorprogrammiert. Da die berufliche Situation dies ebenfalls zuließ, fügte sich das Puzzle zu einem Bild. Vom Computer-Hardware-Techniker zum CP-Trainer war es nur noch ein kleiner Schritt. Im April 1996 sah Claus Penquitt meine Andalusierstute zum ersten Mal auf dem offiziellen Sichtungslehrgang für uns Prüflinge. Im

November legte ich die mehrtägige, umfangreiche Prüfung in der Freizeitreit-Akademie® in der Lüneburger Heide ab.
Insbesondere das Anreiten junger oder jung in der Ausbildung stehender Pferde, ohne Stress für Pferd und Reiter, hatte mich fasziniert. Als Basisarbeit für die anspruchsvolle Reitweise von Claus Penquitt. Inzwischen blicke ich auf fast zwei Jahrzehnte Erfahrungen im Umgang mit Pferden zurück, in denen ich viele Kurse und Einzelstunden abgehalten und zahlreiche Pferde zugeritten oder umgestellt habe. Ich spürte aber auch immer wieder den Wunsch bei meinen Reitschülern, ihre Pferde selber einzureiten. So wurde die Idee geboren, meine Erfahrungen als Leitfaden in einem Buch festzuhalten.

Teil I
Soft Horse Riding

Basiswissen

Der Weg zu Soft Horse Riding

Nachdem das Schicksal mir den Weg gewiesen hatte und ich es genoss, Kurse und Unterricht in der CP-Reitweise zu erteilen, tauchten immer wieder die gleichen Fragen auf: »Wie mache ich es, dass mein Pferd durch die Ecke geht?« Ich habe es gerade angeritten, so gut ich konnte. Ich bekomme es nicht in die Ecke und mein Zirkel ist ein Riesenei. Auf dem Hufschlag geht gar nichts mehr. Mein Pferd stellt den Kopf nach außen und so sehr ich auch ziehe, es guckt nur noch mehr nach außen und wandert in die Reitbahnmitte. Was soll ich tun?« Solche oder ähnliche Fragen ließen in mir den Gedanken reifen, meine eigenen Erfahrungen mit jungen Pferden aufzuschreiben und eine gründliche Basisarbeit als Vorschule zu Claus Penquitts Reitlehre zu entwickeln.

Mir war klar, dass ich mich nicht ausschließlich auf die reiterlichen Aspekte konzentrieren durfte. Dafür war der Aufbau des Vertrauens zwischen dem jungen Pferd und seinem Besitzer viel zu wichtig. So entstand ein umfangreiches Konzept, das sich mit allen Aspekten des Anreitens beschäftigt. Die Inhalte dieses Konzeptes fangen bei der Wahl der Mittel an, gehen über zur Boden- und Beziehungsarbeit und hören beim Reiten einer runden Volte noch lange nicht auf.

Ich gebe in diesem Buch sehr genaue Hinweise zur Durchführung des Anreitens. Jeder Schritt baut logisch auf den anderen auf. Zu jedem neuen Aspekt gebe ich konkrete Übungen und erkläre deren Realisierung im Detail. Zügel- und Körperhilfen sind so beschrieben, dass sie gut nachvollzogen werden können. Im Vordergrund steht dabei immer die Sprache des Pferdes. Unsere Hilfen müssen vom Pferd leicht und eindeutig verstanden werden können. Wenn ich etwas zum Verständnis beitragen kann, dann vor allem durch überdeutliche Hilfen. Ich zeige dem Pferd den Weg. Ein weit abgespreizter Zügel vom Sattel aus ähnelt in seiner Wirkungsweise dem Führstrick, der dem Pferd von der Arbeit am Boden schon vertraut ist. Ein leichtes Zupfen erweckt keine Widerstände. Ein starkes Ziehen am Zügel lässt jedes Pferd »wehrig« werden. Kleine, kurze, aber deutliche Impulse können in Verbindung mit Wiederho-

■ **Erster Galopp im Gelände.**

lung Wunder bewirken. Das Pferd lernt schneller, als wir es je für möglich gehalten hätten.

Dieses Buch beschreibt insgesamt einen Zeitraum von einem halben Jahr, bei weniger intensivem Training auch ein Jahr und länger. Seitengänge werden in dieser Zeit noch nicht geritten. Vorbereitende Übungen wie Schultervor und Zirkel vergrößern und verkleinern sollten im Schritt und Trab möglich sein. Der erste Galopp im Gelände oder auf dem Platz ist nach dieser Ausbildungsspanne kein Problem mehr.

Ein herrliches Gefühl – nach der Absolvierung dieser Schule haben wir ein leichtrittiges, aufmerksames Pferd, das sich zentimetergenau reiten und in jeder Situation anhalten lässt und dabei ruhig bleibt.

Diese Methode richtet sich an die vielen versierten Freizeitreiter und Freizeitreiterinnen, die ihr Pferd gerne selbst ausbilden möchten. Vor allem werden sich all' diejenigen besonders angesprochen fühlen, die von der Claus-Penquitt-Reitweise, wie sie in seinem Buch »Die neue Freizeitreiter-Akademie« beschrieben wird, begeistert sind.

Die Pferde sollen locker und leicht, aber mit Pep, Schwung und Präzision, dennoch am losen Zügel zu reiten sein. Wer dies möchte, muss auch genauso beginnen. Meine Basisarbeit richtet sich an den innovativen, anspruchsvollen Freizeitreiter, der sein junges Pferd auf unkonventionelle Weise angst- und stressfrei, am losen Zügel anreiten möchte.

Claus Penquitts Philosophie und Hilfengebung stellen den Background für unsere Arbeit dar. Er versteht seine Reitweise als Symbiose aus altklassischen, altkalifornischen und iberischen Elementen. Sie stehen im Verlauf seiner Reitlehre relativ gleichwertig nebeneinander. Der zentrale Punkt seiner Ausbildung ist das Biegen und Beugen durch gebogene Linien und Seitengänge wie zum Beispiel Schulterherein, welches dem Grundgedanken der traditionell klassischen Reitweise entspricht und heute gerne als barockes Reiten bezeichnet wird.
»Loslassen können« ist die »Zauberformel«, die wir nutzen werden. Nur Impulse geben und zeigen, dann abwarten. Wichtig ist auch die Fähigkeit, in einfachen, für das Pferd bekannten Strukturen denken zu können. Wer die Gedanken dieses Buches umsetzen kann, bietet dem Pferd eine einfache Methode zu lernen und zusätzlich, durch die vielen Übungen, eine hervorragende Gymnastik für Körper und Gehirn. Diese Methode spricht die Psyche des Pferdes in besonderem Maße an, da das Pferd nicht nur in seinem Bewegungsablauf geschult wird, sondern auch zum Mitdenken veranlasst wird. Wir werden einen ausgeglichenen, zufriedenen Freizeitpartner haben, der Nervenstärke und Coolness beweist. Meine Basisarbeit ist in vielen Kursen und Reitstunden über Jahre erprobt und verfeinert worden. Sie zeichnet aus, dass sie leicht zu verstehen ist und genau das macht sie erfolgreich.

Warum so anreiten?

Welche Vorteile hat das Anreiten nach dieser Methode für Pferd und Reiter? Wer fein reiten möchte, sollte meiner Meinung nach fein beginnen. Das ist die einfache Antwort. Am losen Zügel sollte alles anfangen und nach einigen Jahren auch wieder enden. Dazwischen liegen alle Facetten der Ausbildung, sowohl mit angenommenen Zügeln als auch ganz ohne. Claus Penquitt hat es bewiesen und auch ich habe es mit einigen Pferden nachvollzogen.
Die richtige Körpersprache ist der Schlüssel zum Reiten. Der korrekte Sitz, ein gutes Körpergefühl und ein bisschen Einsatz unserer Intelligenz bereiten uns den Weg zum rittigen Pferd. Selbstverständlich reicht für gutes Reiten, wie ich es verstehe, weder Körpergefühl noch pure Technik alleine aus, wie es oft in Reitkursen vermittelt wird. Aber beides ist durchaus für die gesunde und solide Basis wichtig, auf die sich alles Weitere aufbauen und entwickeln lässt.
Das oberste Gebot lautet: Wir sollten unser Pferd mit viel Feingefühl anreiten. Sicher braucht es neben Erfahrung auch eine sensible Ader, um dieses Feingefühl zu entwickeln. Aus diesem Grund richtet sich das Buch nicht an Anfänger, sondern an ambitionierte Freizeitreiter, die schon länger im Sattel sitzen und bereits einige Erfahrung gesammelt haben.
Aber auch für alle anderen ist es mit einiger Anstrengung möglich, ein

Pferd nach dieser Methode ohne Probleme anzureiten und auszubilden. Wer kein Interesse an einer nachfolgenden Ausbildung hat, ist trotzdem nun in der Lage, ein gut gymnastiziertes und lockeres Pferd zu reiten und mit ihm zentimetergenau Aufgaben zu lösen.

Das zeichnet diese Methode aus:

- *einfach,*
- *leicht nachzuvollziehen,*
- *feine Hilfengebung von Anfang an,*
- *kein unendlich langes Longieren vor dem ersten Aufsteigen,*
- *keine Angst vor Unwägbarkeiten, denn die Chef-Frage ist bereits geklärt,*
- *legt Grundstein für eine weiterführende Ausbildung.*

Wir kennen doch alle das Problem mit den Fehlern, die es nach Jahren der Routine zu korrigieren gilt. Aus meinen »Männerkursen« (Ich biete seit einigen Jahren immer wieder Seminare für Männer an. Hier unterrichte ich Anfänger und fortgeschrittene Reiter.) habe ich gelernt, dass ein unvorbelasteter Anfänger ein »dankbarer« Schüler ist. Ähnlich verhält es sich bei der Pferdeausbildung. Unvorbelastet lernt ein Pferd leichter und besser. Zudem ist es wichtig, dass das Pferd auch mental auf die Ausbildung unter dem

Jacu, Candy und Hajati – drei Freunde genießen ihre Freiheit.

Sattel vorbereitet wird. Dazu gehören eine ausgeglichene Haltungsweise im Herdenverband mit ausreichend Weidegang im Sommer und Auslauf im Winter.

Kein Mensch kann Pferde besser erziehen als es Pferde untereinander tun. Diese Voraussetzung und eine gesunde, offene Einstellung zum Individuum Pferd als Freund und Partner, sind unerlässlich für diese Schule. Nicht Sportgerät, nicht namenloser Gegenstand, sondern **Freundschaft** steht hier im Mittelpunkt. Und das vielleicht ein ganzes Pferdeleben lang. Wir motivieren, wir zwingen nicht! Wir optimieren die Motivation und bestrafen ganz bestimmt nicht den gelegentlichen Übereifer eines fleißigen Pferdes. Die Pferde verstehen schnell, was sie tun sollen und werden dadurch zum Mitmachen angeregt. Viele Wiederholungen (ohne Überforderung) mit Belohnung und positivem Trainingsende sollten stets unser Ziel sein. So lernen Pferde leicht und ohne Stress.

Geradeaus reiten kann jeder

Genau das ist eben nicht der Fall. Junge Pferde gehen oft noch nicht im Gleichgewicht, vor allem, wenn der Reiter »erschwerend« auf ihm sitzt. So ohne weiteres gelingt es nicht, ein Pferd ausgeglichen auf einer geraden Linie zu halten. Wer hat sich nicht schon einmal die Beine an der Bande oder sonstigen Reitbahnbegrenzungen aufgeschrabbt? Das Pferd soll während der Ausbildung sein Gleichgewicht finden und ausbalanciert gehen – und das sogar auf gebogenen Linien, sprich Volten und Zirkeln, was ja noch schwieriger ist.

Überdeutliche Zügelführung.

Wie machen wir das? Witzigerweise machen wir genau das, was das Pferd uns so ungenau anbietet. Das Reiten von Schlangenlinien steht am Anfang. Kurze Strecken geradeaus mit Richtungsänderung sind die Vorstufe dazu. Durch das ständige Ändern der Richtung, lernt das Pferd viel schneller sich auszubalancieren. Das ist bereits eine Art »Minimalgymnastik«: Dehnen und Kontrahieren im Wechsel. Dazu können wir auch schon die überdeutlichen Hilfen als Kombination mit einbeziehen. Wir wollen dem Pferd den Weg zeigen.

Ziel unserer Bemühungen ist die Ausbildung eines Pferdes, das auf leichte Hilfen willig und kooperativ reagiert. Dadurch bekommt diese anspruchsvolle Art zu reiten eine Leichtigkeit, die geprägt vom freudigen Miteinander ist. Genaues, präzises Reiten soll möglich werden. Und genau das macht Soft Horse Riding aus: Kein Herunterziehen des Kopfes, kein Vorwärtsscheuchen um jeden Preis und keine Kinderarbeit. Eine Partnerschaft zwischen Pferd und Mensch wird aufgebaut. Das Pferd lernt, den Übungsablauf zu verstehen. Durch das Training wird die entsprechende Muskulatur aufgebaut und das Pferd ordentlich gymnastiziert.

Das Besondere für den Reiter ist die überdeutliche Zügelführung. Hier bestehen oft die größten Unklarheiten. Ein kaum gerittenes Pferd versteht noch gar nicht, was mit rechts und links gemeint ist. Also zeigen wir dem Pferd den Weg mit dem Zügel. Mit Kopfschütteln quittiert so mancher Reiter dieses Vorgehen. Eine Reiterin der »anderen Fakultät« sagte letztens beim Betrachten eines unserer Fotos zu mir: »So würde ich mich nie abbilden lassen.« Aber genau das ist es. Der Zügel zeigt den Weg. Das machen wir uns für längere Zeit erst einmal zum Prinzip, um dann nach und nach diese Hilfe durch weniger auffällige Signale zu ersetzen. Das ist das zweite Ungewöhnliche. Wir geben Signale, kurze und wenn es sein muss auch heftige. Aber wir gehen sparsam und impulsartig mit den Zügelhilfen um. Das macht das Pferd aufmerksam, aber nicht aufsässig. Wer lange und intensiv am Zügel zieht, erlangt doch nur Widerwillen. Drücken wir mal ein Pferd mit unserem Körper zur Seite, dann spüren wir gleich 500 Kilo, die sich dagegenstemmen. Hingegen wirken zwei, drei gezielte, auffordernde Gerten-Touches Wunder. Es kommt oft gar nicht zum Gegenarbeiten. Dafür ist allein schon die Reaktionszeit zu kurz.

Diese Art der Ausbildung ist somit auch für die Psyche förderlich. Das völlige Unterlassen einer Hilfe ist doch letztlich eine Belohnung. Was gibt es Schöneres, als die freiwillige Mitarbeit eines Pferdes? Diesen Zusammenhang sollen unsere vierbeinigen Schüler verstehen lernen.

Gerne nehmen Pferde die Wiederholung an. Ihre Stärke ist ihr Langzeitgedächtnis. Auf der anderen Seite ist das auch der Grund für so manches Problem.

Wir kennen das aus vielen Alltagssituationen nur zu gut. Gestern saß in einer Ecke das »Gespenst«, vor dem man flüchten musste, und das wird in ein paar Tagen danach immer noch dort erwartet. So mögen wir das Langzeitgedächtnis unserer Freunde gar nicht.

Das bessere Nervenkostüm haben Pferde, die entsprechend gehalten werden.

Minas im »Biergarten«.

Unbestritten ist, dass eine artgerechte Haltung absolut förderlich für Geist und Körper ist. Pferde sind Herdentiere, die ursprünglich in der Steppe lebten und für ihr Futter weite Wege gehen mussten. Sie sind also Bewegungstiere und lieben die Abwechslung. Wer einmal längere Zeit auf einer Weide zugebracht hat, hat sicher beobachtet, wie Pferde zwischen den einzelnen Grasungen immer wieder zu neuen Plätzen wandern und nicht systematisch an einem Ort das Gras bis zur Wurzel abfressen. Ich habe sehr oft beobachtet, wie unsere Pferde, wenn sie während der Winterzeit aus der Boxe in die großen Ausläufe mit Bach und Teich gebracht wurden, zuerst gerne an den Teich gingen, um zu saufen. Obwohl sie die ganze Nacht Gelegenheit dazu hatten, sich an der Selbstränke zu versorgen. Dazu fällt mir nur unser menschlicher Wunsch nach einem Biergarten in der Natur ein. Pferde lieben die Freiheit.

Wenn man ihnen diese in angemessener Weise zur Verfügung stellt, dann fördert das ihre Ausgeglichenheit so positiv, dass ich nicht umhin komme, eine reine Boxenhaltung als Tierquälerei zu bezeichnen. Von einer Ständerhaltung, die leider immer noch sehr oft zu finden ist, ganz zu schweigen. Ein Schritt in die richtige

Richtung sind daher Offenställe, was man nicht mit Robusthaltung ohne Baum und Strauch oder festen Unterstand verwechseln darf.
So sind denn unsere Übungsstunden auch nicht zum bloßen Bewegen der Pferde gedacht, sondern als echte Lernstunden. Bewegen dürfen sich die Pferde auf der Weide.

Das »Wirgefühl«

Das Abenteuer, ein Pferd anzureiten – und das ist es in der Tat – wollen wir gemeinsam unternehmen. In diese »Gebrauchsanleitung« müssen Sie sich nun erst ein wenig einlesen. Ich möchte dem Freizeitreiter ein echtes »Wirgefühl« vermitteln und daher habe ich diese Form gewählt. Ich möchte nicht als Oberlehrer erscheinen, sondern mich an der Ausbildung beteiligen. *Wir* machen es gemeinsam, dann wird es klappen. Diesen Optimismus soll das gemeinsame Projekt ausstrahlen.
Aber auch bei größtem Optimismus sollte man, wenn man ein Pferd ausbilden möchte, mehr können, als sich gerade eben auf dem Pferd zu halten, denn ein paar Schwierigkeiten werden uns sicher begegnen. Junge Pferde sind psychisch noch nicht ausgeglichen. Wir brauchen Kenntnisse zum Pferdeverhalten und eine gute Portion Erfahrung und Feingefühl, um die Situationen nicht falsch einzuschätzen. Ist das Pferd unwillig oder mit der neuen Übung überfordert? Das ist eine Frage, die man oft nur mit empirischer Erfahrung, geschultem Feingefühl oder Einfühlungsvermögen klären kann. Gerade in dem Augenblick, in dem sich solche Fragen stellen, muss blitzschnell, bewusst und vor allem richtig gehandelt werden. Der Griff zur Betriebsanleitung, gäbe es für solche Situationen eine, würde zu lange dauern. Jeder muss für sich entscheiden, ob er über die Qualitäten, die man zum Anreiten eines Pferdes braucht, bereits verfügt. Denjenigen, der gerne sein Pferd selbst ausbilden möchte, werde ich begleiten und bestmögliche Hilfestellung geben. Aus meiner langjährigen Erfahrung weiß ich, dass so mancher es auch aus Mangel an Kapital tut. Ein Fohlen war preisgünstiger und ein Berufstrainer ist teuer, also mache ich es selber.
Meistens hat der Freizeitreiter eben dieses eine Pferd und möchte mit dem Partner zusammen lernen. Hat der Mensch das offene Auge, ist er bereit, an sich und mit dem Pferd zu arbeiten, können daraus sehr fruchtbare Erlebnisse werden. Es kann zu einer intensiven, vertrauten und harmonischen Verständigung kommen, wenn man sich auf sein Tier einlässt und bereit ist, seine Sprache zu lernen. Das setzt viel Eigenkontrolle und Auseinandersetzung mit sich selbst voraus. Als Nebeneffekt lernt man dann auch einiges über sich. Das Bewusstsein zu handeln intensiviert sich. Die Ausbildung eines Pferdes, sollte zu einem wunderschönen und bereichernden

Ereignis werden. Aber es bleibt auch ein hartes Abenteuer, da es unvorhergesehene Dinge gibt, die Schwierigkeiten mit sich bringen können.

Da gibt es die »Renner«, die bei jeder Anforderung davonlaufen wollen. Diese »Beweger« gilt es gut zu gymnastizieren und das erst einmal sehr lange im Schritt. Gerät im Trab alles außer Kontrolle, wird wieder zum Schritt durchpariert. Merken Sie sich: Lieber zehn Schritte ruhig und richtig als 100 ungewollte. Dann hätte das Pferd ja Erfolg mit seiner Rennerei gehabt.

Dann gibt es die Kategorie Pferd, die eher faul und nicht gerade begeisterungsfähig ist. Hier gilt: Um so mehr das Pferd gefordert und gefördert wird, um so besser wird es mitmachen. Achten Sie darauf, dass Sie das Pferd nicht durch ständiges Treiben mit den Füßen und Beinen weiter abstumpfen. Lieber öfter und mit Nachdruck kurz die Gerte einsetzen.

Die meisten Pferde sind in der Mitte der beiden vorgestellten Extreme einzuordnen. Die Arbeit mit ihnen gestaltet sich dann oft nicht ganz so problematisch.

Und bitte: Keine Kinderarbeit! Mit drei bis vier Jahren sollten wir noch kein volles Programm fahren. Seitengänge sind zunächst einmal zu vermeiden. Die Pferde sind erst mit vier bis fünf Jahren völlig ausgewachsen.

■ **Wir machen es gemeinsam!**

■ **Ungezwungene, ausdrucksvolle Selbsthaltung als Ziel unseres Anreitens.**

Sie sind zum Beispiel von Natur aus nicht für die Seitwärtsbewegungen konstruiert. Daran müssen wir sie erst langsam gewöhnen.

Deshalb begnügen wir uns hier mit der Lektion Schultervor (Schulterherein in geringer Abstellung zum Hufschlag). Wir werden darüber noch ausführlich in den Abschnitten »Schulterherein an der Hand« und »Schultervor und Eckenausreiten« reden.

Zunächst soll die Hinterhand stabil sein und das Pferd nicht aufgefordert werden, sich mit der Hinterhand seitwärts zu entziehen, bevor es sich auch nur annähernd biegen kann. Wir bezeichnen das dann als »Schwimmen«. Das Pferd gerät dadurch außer Kontrolle. Wenn ungeübte Pferde Volten gehen, drängen sie ohnehin mit der Hinterhand heraus, weil sie sich nicht biegen möchten. Das wollen wir nicht noch fördern. Also sollten Sie abwarten können. Gleiches gilt für den Galopp. Erst wenn das Pferd einigermaßen ausbalanciert ist, sollten wir den Galopp forcieren. Sicher probiert man dann und wann mal einen kleinen Galopp, es ist aber kein wichtiger Programmpunkt. Bevor eine wilde Rennerei losgeht, sollten wir warten. Die Alten Meister haben sich mit dem Galopp erst beschäftigt, nachdem sie alle Lektionen im Trab beherrschten, dazu gehörten sogar Piaffe und Passage. Soweit wollen wir natürlich nicht gehen. Bietet ein Pferd in den ersten drei Monaten (nicht Wochen!) einen ruhigen Galopp an, kann er eingebaut werden. Unter diesen Umständen wirkt das sogar gymnastizierend. Insgesamt umfasst unser Reitprogramm – je nach Typ und Intensität der Arbeit – bis zu anderthalb Jahren, also etwa bis zur Mitte des zweiten Ausbildungsstadiums (s. Tabelle im Abschnitt »Die Ausbildung im Laufe der Zeit«.).

Während wir im Anfangsstadium mit wirklich losen Zügel arbeiten, verkürzen oder verengen wir nach drei Monaten die Zügelführung. Wir fördern die schönere und bessere Kopfhaltung, die das Pferd nun anbietet.

Wir unterstützen diese leichte Beizäumung durch ein wenig Beinkontakt und punktuell treibende Hilfen aus dem Körper mit abgekipptem Becken. Aber Achtung: Nicht vorne halten und hinten treten. Bietet das Pferd das nicht relativ leicht an, warten wir noch ein wenig, bis wir auf eine weiterführende Zäumung wechseln können. Damit lässt sich das Traumziel angenehmer für das Pferd erreichen. Genau beschrieben wird der Zusammenhang und die Voraussetzung im Kapitel über die Gebisse.

Jetzt ist auch die enge Zügelführung ein Muss. Der äußere Zügel führt und sogar einhändiges Reiten wird möglich. Während der Ausbildung reiten wir allerdings immer zweihändig. Bis das Pferd den Weg durch Biegen und Beugen nach unten gefunden hat, kann es sinnvoll sein, vierzügelig zu reiten. Bald wird es verstehen, dass es keine Angst vor der »Zwangsjacke« zu haben braucht. Wir werden darüber ausführlich bei der Anwendung der Gebisse sprechen.

Die Frage des Equipments

Im Rahmen der Ausbildung müssen wir gezielt geeignete Mittel einsetzen. Die richtige Wahl der Ausrüstung ersetzt weder unser Fachwissen, noch unsere pferdefreundliche Einstellung beim Anreiten, aber sie beeinflusst die Verständigung ungemein.
Nur: Wie sieht die richtige Ausrüstung aus? Unser Ziel bei der Arbeit mit dem Pferd ist, dass wir feinfühlig mit ihm arbeiten. Damit entfallen alle Ausrüstungsgegenstände oder sonstigen Hilfsmittel, mit denen Zwang auf das Pferd ausgeübt werden könnte. Im Laufe der vielen Jahre, in denen ich mit jungen Pferden gearbeitet habe, hat sich gezeigt, dass weniger mehr ist. Die einfache Funktion der Ausrüstung spricht für sich. Arbeiten wir mit ihr entsprechend kompetent, vorausschauend und fein, genügt sie völlig, um alles umzusetzen, was wir erreichen wollen.
Letztlich ist es nicht entscheidend, welchen Sattel oder welche Art von Wassertrense, Snaffle oder Gerte wir benutzen. Viel wichtiger ist das, was wir nicht brauchen. Feinfühlig reiten bedeutet für mich also, dass man feine »Instrumente« benutzt. Klobig schwere und dicke Gebissstücke sollten daher erst gar nicht angeschafft werden.
Wichtig ist immer auch der Zeitpunkt, an dem zum Beispiel das Gebiss gewechselt wird. Ganz klar sei gesagt: Eine zu früh eingesetzte Kandare, kann zu einem regelrechten Marterinstrument werden. Also ist der wichtigste Punkt bei der Bewertung jeglicher Art von Ausrüstung, dass man prüft, wie das »Instrument« wirkt. Das ausgeklügeltste Gebiss, der rückenschonendste Sattel ist nichts wert, wenn der Ausbilder nicht über eine pferdefreundliche Gesinnung verfügt und zu einer sensiblen Hilfengebung in der Lage ist. Was sich bewährt hat, habe ich nachfolgend aufgeführt.

Welcher Sattel ist der richtige?

Zum guten Freizeitreiten und einer harmonischen Pferdeausbildung gehört ein geeigneter Sattel, der sowohl dem Pferd optimal passt als auch für den Reiter bequem ist.
Da wir uns zu alten Traditionen bekennen, die sich durch die Jahrhunderte als gut und richtig erwiesen haben, ist es nahe liegend, sich auch bei der Wahl des Sattels darauf zu besinnen. Dazu gehört für uns unter anderem, dass wir einen klassischen Sattel bzw. einen klassischen Sattelbaum wählen. Der Baum eines altkalifornischen Westernsattels beispielsweise entspricht unserer Vorstellung.
Auch Sättel wie der Carmargue-Sattel oder ein spanischer Bereitersattel weisen diese klassische Sattelbaumform auf. Diese Sättel entlasten den Pferderücken, da sie ihn nicht punktuell belasten, sondern das Gewicht verteilen und gleichzeitig dem Reiter die Möglichkeit geben, korrekt und bequem zu sitzen.

■ Westernsattel mit tief ausgeformtem Sitz.

■ Spanischer Portugesa – hier von Claus Penquitt modifiziert.

Auch ein so genannter englischer Sattel, der ursprünglich für andere Zwecke gedacht war, kann durchaus seine Vorteile haben. Die Engländer waren immer große Liebhaber der Jagdreiterei und genau zu diesem Zweck diente ein solcher Flachsattel. Die gut modifizierten Dressur- und Vielseitigkeitssättel von heute, nennen wir sie hier konventionelle Sättel, haben durchaus ihre Vorzüge und lassen einen sehr gut und bequem sitzen.

Es finden sich immer mehr Freizeitreiter, die den Westernsattel oder artverwandte Satteltypen bevorzugen.

Letztlich steht im Vordergrund, dass die Bauweise für das Pferd angenehm ist und der Reiter sicher und bequem sitzen kann.
Es gibt in der letzten Zeit erstaunlich gute Entwicklungen im Bereich des Sattelbaus, so dass kaum pauschale Hinweise an dieser Stelle gegeben werden können. Trotzdem ist gute Beratung noch nicht überall selbstverständlich, da wirtschaftliche Erwägungen oft im Wege stehen.
Nicht der Sattel allein bestimmt die Reit- bzw. Denkweise, aber er ist eine wichtige Voraussetzung für gutes Reiten.

Positives Beispiel für einen modernen, konventionellen Sattel.

Die Zügel

Es gibt eine ganze Reihe von Zügelarten: geflochtene Zügel, geschlossene Zügel, geteilte Zügel in verschiedenster Qualität, Ausführung und aus den unterschiedlichsten Materialien. Welche dieser Zügel wir benutzen, ist letztlich eine Geschmacksfrage und abhängig davon, welche Reitweise wir wählen. Sicher werden wir passend zu einem Spanischen Sattel einen Spanischen Zaum mit Stirnfransen und geschlossenen Zügeln benutzen.
Häufig finden wir auch die Kombination von Westernsattel und den so genannten Split Reins (geteilte Zügel) aus Leder. Sie sind zur Ausbildung des Pferdes exzellent geeignet.

Sie haben Vorteile wie:

- höheres Gewicht
- großzügige Länge
- gutes Handling vom Boden aus
- mit ihnen kann man dem Pferd sehr deutlich den Weg zeigen

Am Anfang der Ausbildung ist der Zügel die direkte Verbindung zwischen Reiter und Pferd. Wie wir sehen werden, zeigt der Ausbilder dem Pferd mit den Zügeln den Weg. Später wird dieses Zeigen durch feinere Zügelhilfen ersetzt und immer mehr zugunsten einer sensiblen Körpersprache verschoben.

Welches Gebiss ist das richtige?

Mangelnde Ausbildung und die damit verbundenen Probleme, versuchen Ausbilder allzu oft mit schärferen Gebissen zu lösen. Dass dies falsch ist, liegt eigentlich auf der Hand. Man sieht oft Westernkandaren mit Hebelwirkung in Pferdemäulern, in die sie wirklich noch nicht gehören. Oder es wird mit solch einer Kraft geritten und dabei erbärmlich am Zügel gezogen, dass sich Probleme nur verschlimmern.

Was tun, wenn das Pferd maultot ist?

Der ständige Zug an den Zügeln hat die Laden des Pferdes unempfindlich werden lassen und die Wassertrense zeigt keine Wirkung mehr. Jetzt ist es angebracht, das Half Breed einzusetzen, gegebenenfalls mit vier Zügeln. Wahlweise auch schon das so genannte Billy Allen Bit, auf das wir noch zu sprechen kommen. Vier Zügel entsprechen dann auch hier der Wirkungsweise von der Unterlegtrense (Stellung) und der Kandare (Beizäumung). Diese Kandarengebisse haben eine völlig andere Wirkungsweise und sind in Ausnahmefällen für ältere und Korrekturpferde zulässig. Die vierzügelige Führung kann unter Umständen durch ein spezielles Bit vermieden werden, das beiden Anforderungen gerecht wird und eine Korrektur vereinfacht. Das Freeman Trainings Bit kommt allerdings nur vorübergehend in Betracht und ist auf Dauer nicht die Lösung. Es kann aber absolut hilfreich bei der Korrektur verrittener älterer Pferde und auch bei der Schulung im Verlauf des Trainings junger Pferde sein.

Generell gilt:
1. Begonnen wird die Ausbildung mit dem Snaffle-Bit oder mit einer feinen, dünnen Wassertrense. Eine gebräuchliche Wassertrense ist aus vermeintlich maulschonenden Gründen oft zu dick.
2. Gibt das Pferd auf relativ leichtes einseitiges Annehmen den Kopf und geht es auf Geraden und Zirkeln im Schritt und Trab taktmäßig vorwärts ohne zu schleichen (»Klemmer«) oder zu rennen (»Wegläufer«) kann auf eine der Kandaren gewechselt werden.

Hier sollte noch etwas mit der Umstellung auf die Westernkandare gewartet werden:
- Das Pferd ist noch nicht richtig regulierbar. Ein zu schneller Schritt bedeutet Hektik, hier sollte man das Pferd häufig zum Halten durchparieren und so Ruhe reinbringen.
- Nicht jeder langsame Trab ist ein schöner Jog. (Der Jog ist ein langsamer, getragener und verkürzter Trab.) Zuerst muss ein angemessener, natürlicher Trab im mittleren Tempo sowie leichtes Verstärken möglich sein, bevor wir das langsamere Jog-Tempo reiten.
- Das Pferd muss über Sitz und Schenkel im Tempo regulierbar sein – einen Takt annehmen können.
- Ein Pferd, das bei jeder Richtungsänderung in den Trab flüchtet, will sich nicht biegen. Auch hier sollten wir noch etwas mit der Umstellung warten, damit das Pferd beim ständigen Zurücknehmen nicht unter Spannung gerät. Umgekehrt sollte gewährleistet sein, dass es bei einer Volte bzw. Richtungsänderung nicht vom Trab in den Schritt zurückfällt. Das Pferd ist auf jeden Fall noch nicht ausreichend gymnastiziert worden.

Das Snaffle-Bit

Am Anfang der Ausbildung bzw. der Umstellung des Pferdes auf unsere Reitweise ist das Snaffle-Bit als Standardgebiss am besten geeignet. Das Snaffle-Bit ist einer Wassertrense sehr ähnlich, nur wesentlich dünner. Das hat den Vorteil, dass wir von Anfang an feinfühligere Hilfen geben können und so das Pferdemaul schonen. Vor allem kann das Pferd sich dieses relativ dünne, einfach gebrochene Gebissstück im Maul so zurechtlegen, wie es ihm am angenehmsten ist. Warum viel Metall, wenn auch wenig genügt? Das Mundstück sollte relativ große Ringe haben, so dass das Gebiss nicht durchs Maul gezogen werden kann, es aber dennoch beweglich bleibt. Ein Lederriemen (Kinnriemen) verhindert dieses manchmal zusätzlich, so dass ein Kehlriemen nicht unbedingt notwendig ist. Das Snaffle-Bit besteht aus unlegiertem Eisen, rostet also.
Die alten Kalifornier glaubten, dass dieses rostige Eisen süß schmeckt und die Pferde deshalb besonders zum Kauen angeregt werden. So entstand die Bezeichnung Sweet Iron. Zusätzlich kann auch noch eine Kupfereinla-

■ **Das Snaffle-Bit – mein bevorzugtes Ausbildungsgebiss.**

ge ins Gebiss eingearbeitet sein, die diesen Effekt außerdem verstärkt. Der Grund dafür liegt in der unterschiedlichen Stellung von Kupfer und Eisen in der elektrolytischen Spannungsreihe. Kupfer ist edel und von der Polarität positiv (+ 0,3 Volt), Eisen dagegen sehr unedel und daher negativ (- 0,4 Volt). Die elektrolytische Spannung zwischen zwei Metallen ist besonders hoch, wenn ein sehr unedles mit einem edleren kombiniert wird. Die These, die diesem Effekt zu Grunde liegt, besagt, dass durch die beiden Metalle in Verbindung mit Feuchtigkeit ein schwacher Stromfluss über der Zunge erzeugt wird und vermehrte Speichelproduktion entsteht. Möglicherweise regt zusätzlich auch ein angenehmes Prickelgefühl das Pferd zum weiteren Einspeicheln und Kauen an. Das wäre dann sozusagen das i-Tüpfelchen für das Gebiss. Wir sehen, die alten Kalifornier waren nicht nur Reitästheten, sondern haben auch sehr viel über ihre »Werkzeuge« nachgedacht und soweit verfeinert, dass wir heute noch davon profitieren. Haben wir unsere Hände ausgebildet und unser Pferd soweit gymnastiziert, dass es auf leichtes einseitiges Zügelzupfen den Kopf hergibt und alle Übungen möglichst flüssig im Schritt, Trab oder sogar Jog geritten werden können, so sollten wir zum Half Breed wechseln.

Konkrete Zeitangaben zu machen, wann ein Mundstück abgesetzt und ein anderes eingesetzt werden kann, ist schwierig. Dieses richtet sich nach dem Pferdetyp und selbstverständlich auch nach dem Ausbildungsstand. Aber im Allgemeinen reden wir über einen Zeitraum von 12–15 Monaten, der als Richtwert zur bloßen Orientierung dienen soll.

Bei gut vorbereiteten Pferden, kann sich der Zeitrahmen durchaus um einige Monate verkürzen. Gestaltet sich die Ausbildung schleppend, können daraus auch zwei Jahre werden.

Das Half Breed

Für unsere Bedürfnisse empfiehlt sich das so genannte Half Breed (Roller Bit), welches auch noch als LTJ-Gebiss bezeichnet wird, da die amerikanische Ausbilderin Linda Tellington Jones die Vorzüge dieses Gebisses frühzeitig erkannt und zu einer gewissen Popularität verholfen hat. Die beiden Schenkel sind etwas beweglich, so dass das einseitige »Klingeln« möglich ist. Mit Klingeln ist zupfen oder vibrieren am Zügel mit kurzen Impulsen gemeint. Man hört es tatsächlich bei diesem Gebiss klingeln.
Das Pferd kann dadurch ohne große Probleme verstehen, welche Seite gemeint ist. Die kleine Stange zwischen den Shanks begrenzt zudem noch die Beweglichkeit und gibt das Signal abgeschwächt auf die andere Seite weiter. Die Zungenfreiheit ist teilweise durch eine Kupferrolle aufgehoben, so dass das Gebiss nicht nur auf den Laden liegt, sondern die Zunge mitträgt und sich das Pferd durch Spielen mit der Kupferrolle abreagieren kann.
Im Einzelnen sind folgende Signale an das Pferd möglich:
Zunächst ein Klingeln oder Abfragen mittels des linken oder rechten Zügels bzw. beider Zügel.
Des Weiteren würde dann unter Aufgabe der losen Zügelverbindung die Hebelwirkung des Oberbaumes über den Lederzaum einen leichten Druck auf die Ohrspeicheldrüse hervorrufen, allerdings nur bei entsprechend korrekter Verschnallung des Zaumes. Eine Wirkung, die anfangs nicht bekannt ist und unterschätzt wird. Wir können selbst die Fingerprobe machen und legen einen oder zwei Finger unter das Zaumteil zwischen den

Das Half Breed.

■ **Das Billy Allen Bit.**

Ohren und nehmen dann die Zügel an. Dieser leichte Druck wirkt entspannend, somit beizäumend. Wir kennen das Phänomen von der Arbeit am Boden. Legen wir eine Hand mit sanftem Druck des Daumens und Ringfingers hinter die Ohren und die andere Hand auf die Nase des Pferdes, so entspannt es sich und senkt den Kopf.

Nachdem bei den leichten Signalen, die für relativ lose Zügel gelten, kaum etwas passiert, tritt bei stärker angenommenen Zügeln die viel zitierte Schärfe der Kandare in Kraft. Die Schärfe der Kandare wird bestimmt von der Übersetzung, das heißt vom Verhältnis der Länge des Oberbaums zur Länge des Unterbaums (Schenkel). Aus den Gesetzen der Physik wissen wir: Ein langer Hebel benötigt einen langen Weg. Bis zum »Anspringen« der Kandare ist das Gebiss milde und wir haben viel Spielraum mit der Hand. Also bitte keine Angst vor der Kandare!

Über die Hebelwirkung der Shanks spricht die Kinnkette an – sie »beißt«. Daher ist es wichtig, die Länge der Kinnkette exakt zu bestimmen. Sie sollte so lang angebracht sein, dass im nicht angenommenen Zustand mindestens zwei Finger zwischen Kette und Kinngrube passen. Mehr Spiel als drei Finger sollten es aber nicht sein, sonst verliert die Kandare jegliche Wirkung und ein korrekter Einsatz ist nicht mehr möglich. Die Hebelwirkung wird aufgehoben und gleichzeitig stellt sich das Gebiss im Maul auf und drückt unangenehm gegen den Gaumen. Besonders unangenehm wird es dann, wenn das Pferd einen Sperrriemen trägt und dem Druck auf den Gaumen nicht durch Öffnen des Mauls ausweichen kann.

Dieses Gebiss erlaubt, Trensenzügel in die vorgesehenen Schlitze zu schnallen, so dass es auch bei Bedarf vierzü-

■ **Das Billy Allen Bit mit kurzen, aber stark nach hinten angewinkelten Anzügen ist eine gute Alternative zum Freeman Trainings Bit. Ich bezeichne das gerne als »Kinder Billy Allen«, da ich es oft als Einstiegskandare verwende.**

gelig benutzt werden kann, wobei die Kandarenzügel anfangs durchhängen. Diese Art das Gebiss zu gebrauchen, ist für diejenigen interessant, die die Vorzüge des Half Breeds ausnutzen möchten, deren Pferde aber noch nach vorne drängen und/oder den Kopf noch nicht willig stellen. Oftmals kann dieser Schritt aber übersprungen werden.

Mit einem Half Breed sind fast alle Pferde zufrieden und bis ans Ende der Ausbildung feinfühlig zu reiten. Auch wenn der Ausbildungsstand relativ weit fortgeschritten ist, werden wir nur ausnahmsweise einhändig reiten. Solange wir unser Pferd und uns selber ausbilden, reiten wir auch die Kandare mit beiden Händen.

Das Billy Allen Bit

Das Billy Allen Bit ist sozusagen das Nonplusultra für die Ausbildung. Das zuerst von Greg Darnall hergestellte Bit besteht aus wesentlich weniger Metall und ist daher für Pferde, die große Metallmengen in ihren Mäulern nicht mögen, frühzeitig zu emp-

Das Freemann Trainings Bit – auf der Abbildung fehlt die Kinnkette.

fehlen, wenn sie nicht stürmen und »auf der Hand liegen«. Es ist ein feines Gebiss für feinfühlige Reiterhände.

Es handelt sich dabei um ein so genanntes Snaffle-Bit mit Shanks, allerdings mit begrenzender Mittelrolle, so dass kein Nussknackereffekt entstehen kann. Dieser entsteht, wenn ein einfach gebrochenes Gebiss mit Anzügen benutzt wird. Die Gefahr des Nussknackereffekts besteht insbesondere später bei den Seitengängen, weil wir dazu die Zügel gezielt mehr aufnehmen müssen. Dazu sind gegebenenfalls diagonale Hilfengebungen nötig, das heißt beispielsweise, dass einem treibenden Schenkel ein verkürzter, angenommener, tief gelegter Zügel gegenübersteht.

(Dieses Widerlager kann einen stark und mit Kraft angelegten Schenkel ersetzen.) Der andere Zügel wird dabei eher weniger stark angenommen.

Snaffle mit Shanks werden gerne im Westernsport benutzt. Die Pferde führen dann manche Manöver selbstständig am völlig durchhängenden Zügel aus. Man spricht dort gerne vom »angedrohten« Zügel, »angedrohten« Schenkel usw. Dann entfällt die so genannte »diagonale Hilfe«. Die oben beschriebene Problematik tritt meistens nicht auf. Wir beschränken uns ja auch bei unserer Art der Ausbildung auf softe Hilfen. Sie macht die Pferde nicht zu dressierten Äffchen, die alle Übungen sozusagen auf einen Knopfdruck hin automatisch abspulen. Von einem einfach gebrochenen Snaffle mit Shanks ist aus oben genannten Gründen abzuraten. Es gibt noch einige nützliche Mundstücke, die zeitweise oder zur Korrektur angewendet werden können.

Das Freeman Trainings Bit

Ein sehr interessantes Mundstück zeigt nebenstehendes Foto. Das Gebiss erfüllt den Zweck einer Kandare, die beizäumend wirkt, wenn sie stärker angenommen wird. Gibt das Pferd nach, tritt aufgrund der stark nach hinten gewinkelten Shanks eine trensenähnliche Wirkung ein, da Zügel und Shanks eine Flucht bilden. Das Pferd ist zusätzlich damit beschäftigt, die rostende Gebissstange an dem für ihn angenehmsten Ort zu halten. Die Stange ist vertikal auf den Schenkeln verschiebbar. Nervöse Pferde spucken anfangs die Stange gelegentlich aus oder legen sie unter die Zunge, aber nach einer gewissen Zeit tragen sie sie sehr selbstbewusst an der richtigen Stelle und demonstrieren Zufriedenheit und Gelassenheit. Die extreme Beweglichkeit der Schenkel ermöglicht ein optimales Stellen des Pferdekopfes, ohne auf die beizäumende Wirkung einer Kandare verzichten zu müssen. Ein ideales Gebiss zum Auffrischen, Korrigieren oder als eine Art Vorstufe, bevor wir die Kandare einschnallen. Um allerdings all die genannten positiven Eigenschaften nicht zu verlieren, muss es genügend lang in die Ledertrense eingeschnallt werden. Wer sich die Wirkungsweise dieses Mundstückes genau verdeutlicht, wird damit wenig Schwierigkeiten haben. Für mich ein gutes Trainingsgebiss, welches leider nur schwer erhältlich ist.

■ **Das D-Ring Snaffle Bit.**

Schlussbemerkung zum Verlauf der Ausbildung:

- *Das Snaffle-Bit sollte für alle in diesem Buch aufgeführten Übungen benutzt werden, da sie in erster Linie für junge und jung in der Ausbildung stehenden Pferde gelten.*
- *Führen die Pferde alle Übungen willig und leicht aus, kann zum Half Breed gewechselt werden.*
- *Merke: Ein zu früher Wechsel zur Kandare kann Ängste beim Pferd auslösen und es unter erhebliche Spannung stellen.*
- *Zur Auffrischung sollte gelegentlich auf das Snaffle zurückgegriffen werden.*

Weitere Gebisse

Es gibt noch eine Reihe von Gebissen ähnlicher Art, wobei die oben beschriebenen einfach, gebräuchlich, sicher und effektvoll sind. Gelegentlich sieht man zu stark gebogene Mundstücke von denen ich abrate, da diese für andere Reitweisen nützlich sein mögen, unserer Meinung nach aber eine Nussknackerwirkung haben können. Ebenso gebräuchlich sind Trensen mit D-Ringen. Sind sie korrekt eingebaut, spricht nichts dagegen. Manchmal sind sie zu schwer oder schlecht gebogen, dann ist von diesem Gebiss eher abzuraten. Sie lassen dem Pferd nicht die Möglichkeit, das Gebissstück im Maul hin- und herzubewegen. Dagegen können sie bei speziellen Problemen Verwendung finden, da sie sich gut fixieren lassen. Zum Beispiel bei Pferden, die zahnen oder die Zunge über das Gebiss nehmen. (Zum Verständnis: Ein Gebiss, das sich im Maul nicht hin- und herbewegen lässt, kann auch auf keinen Zahn, der gerade im Wachstum ist, schlagen.)

Sporen und Gerte

Sporen und Gerte sind mechanische Hilfsmittel, die für eine wirklich gezielte Arbeit unerlässlich sind.

Sporen

Die Beschaffenheit der Sporen sollte so sein, dass sie nicht scharf pieken, sondern sanft abrollen. Diese Bedingung erfüllen die meisten Westernsporen hervorragend. Die etwas größeren, monströs aussehenden, sind sogar die sanftere Variante, die wir bevorzugen sollten. Eine ähnliche Funktion erfüllen die portugiesischen

Stecksporen mit runden Plättchen. Den richtigen Zeitpunkt des Einsatzes sollte man nicht verpassen. Sobald das Reiterbein unter Kontrolle ist, empfehle ich den Einsatz von Sporen. Nicht zuletzt erziehen diese zu einer ruhigen Beinhaltung. Selbstverständlich muss das Pferd erst an Sporen gewöhnt werden. Vereinzelt klappt das nicht, weil es in den Flanken kitzlig ist und mit Anspannung der Bauchmuskeln oder sogar mit Stehenbleiben reagiert.
Sporen benötigen wir, um gezielt und ohne abstumpfendes Absatzklopfen dem Pferd Signale geben zu können. Das Signal wird eindeutig und möglichst nur einmal gegeben, bis es durch ein anderes aufgehoben wird (s. auch Kapitel Schenkel).

Die Olivenkopfgerte – ein Beispiel für eine ausbalancierte Gerte.

Gerte

Das einzige weitere Hilfsmittel, das wir zulassen, ist die Gerte. Die Reitgerte sollte bei Kleinpferden eine Länge von ca. 1,20 m haben. Sie sollte kein dicker, steifer Stock sein, sondern gut und ausbalanciert in der Hand liegen. Ebenso sollte sie an der Spitze leicht nachwippen, aber nicht insgesamt »wabbeln«.
Sie dient als treibende Hilfe und gelegentlich als Schenkelersatz. Es ist zum Beispiel beim klassischen Damensattel üblich, den Gebrauch des Schenkels auf der rechten Seite durch die Gerte zu ersetzen. Sonst ist die Gerte ein reiner Zeigestock.

Wer jemals versucht hat, ein Pferd mit der Hand herumzuschieben, wird gespürt haben, wie das Pferd versucht, sich genau gegen diesen Druck der Hand zu stemmen. Druck erzeugt Gegendruck. Dieses Prinzip machen wir uns beim Einsatz der Gerte zu Nutze.

Aus diesem Grund wird die Gerte immer auf der hohl gebogenen inneren Seite gehalten und eingesetzt. So ist auch der Begriff »Zeigestock« zu verstehen. Die Gerte dient niemals als »Strafstock«, die Gerte touchiert. Dies ist aber auch der einzige Punkt, bei dem wir das Prinzip Druck und Gegendruck für uns arbeiten lassen. Im Weiteren lassen wir es nie soweit kommen, dass das Pferd sich widersetzt, sondern belohnen jeden kleinsten, gut gemeinten Schritt in die richtige Richtung durch Nachlassen oder völliges Aussetzen der vorausgegangenen Hilfen.

Andere Mittel – Zwangsmittel

Wir benötigen dagegen keine Geräte, die nur durch Zwang erreichen wollen, was wir durch gezieltes Gymnastizieren auf fast spielerische Art und Weise erlangen können. Daher verzichten wir auf Hilfszügel komplett. Darunter fallen beispielsweise Martingal, Schlaufzügel, Ausbinder oder sogar deren Kombination und ähnliches. Diese Art des passiven Reitens muss durch aktive und richtige Ausbildung mit Hand, Schenkel und Sitz ersetzt werden.

Das Kommunikations-spektrum

Die gelungene Kommunikation, der Moment, wenn sich Mensch und Pferd absolut verstehen, ist ein tiefes Erlebnis und natürlich letztlich auch das Ziel, das wir erreichen möchten. Wir wollen, dass unser Pferd es als würdig empfindet, im festen Vertrauen auf unsere psychische Stärke und Klugheit, uns zu folgen.
Pferde haben untereinander ihre spezifische Sprache und regeln so ihr Zusammenleben. Uns Menschen steht zur Verständigung mit dem Pferd ein großes Spektrum an Kommunikationsmitteln zur Verfügung. Wir haben neben der Stimme die Möglichkeit, unseren ganzen Körper – am Boden wie im Sattel – einzusetzen. Die ganze Palette der Hilfengebung – dazu gehören Körperdrehung, Gewicht und Schenkel – steht uns zur Verfügung. Auch durch den feinen Umgang mit dem Zügel können wir mit unserem Pferd kommunizieren. So bleiben wir miteinander im Gespräch.

Die stimmlichen, sprachlichen und akustischen Mittel

Beim Umgang und speziell bei der Ausbildung unseres Pferdes ist unsere Stimme ein wichtiges Hilfsmittel. Wir »unterhalten« uns mit unserem Partner Pferd beim Putzen, Führen oder Trensen, aber wir verstummen oftmals, sobald wir im Sattel sitzen. Dabei ist unsere Stimme das beste Kommunikationsmittel, das wir zur Verfügung haben. Gerade während der Lernphase können wir sie gezielt einsetzen. Daher machen wir uns einige spezielle Stimm-Signale zu Eigen, wie beispielsweise ein deutliches, scharfes »Psst« als Warnsignal vor einem Stopp oder ein weiches, ruhiges »Schhh« zur Beruhigung des Pferdes. Beim Erlernen der Galopphilfe setze ich beispielsweise das Wort »Hopp« ein. Später ist es relativ leicht für das Pferd, das gewählte Wort bzw. die Lautkombination mit den dann gegebenen Hilfen in Verbindung zu bringen. Nutzen wir also doch alle Möglichkeiten, die uns zur Verfügung stehen. Ob ein hartes, warnendes »Nein!« oder ruhiges, lobendes »Brav!«. Es lohnt sich!

Lob und Tadel

Wir wollen möglichst großzügig mit Lob umgehen, das heißt ein Leckerli, wenn eine Übung gut geklappt hat, oder ein freundliches Streicheln am Hals soll unseren Partner bei Laune halten. Leckerlis als Belohnungsmittel sind allerdings mit Bedacht einzusetzen, da wir uns sonst ein verfressenes »Schnullerpferd« heranziehen, das eher nach Leckerlis sucht, als sich auf seine Aufgabe zu konzentrieren.
Die generelle Linie der Ausbildung muss freundlich sein. Das ist ohne weiteres möglich, wenn im Vorfeld – zum Beispiel bei der Bodenarbeit – Dominanzprobleme kompetent und

mit Sachverstand geklärt wurden. Das schließt ein konstant konsequentes Verhalten des Ausbilders mit ein. In gewisser Weise muss der Ausbilder sogar sehr kleinlich sein. Fehler werden immer wieder korrigiert und die Korrektur zum Beispiel durch ein scharfes »Nein« unterstützt. Konsequent sein heißt aber keinesfalls, dass wir das Pferd strafen.

Die letzte Lektion, die wir unserem Pferd bei einer Trainingseinheit abverlangen, sollte möglichst gelingen. Deshalb ist es sinnvoll mit einer leichten Übung aufzuhören, damit wir es zum Schluss belohnen können. Das Pferd hat sonst das Gefühl, etwas schlecht gemacht zu haben. Das behindert sowohl den Lernprozess als auch die Entwicklung zu einem selbstbewussten Pferd. Wir werden im Kapitel Bodenarbeit und Beziehungstraining im zweitem Teil des Buches noch ausführlich darüber sprechen.

Die Körpersprache im Umgang und bei der Arbeit am Boden

Zum Thema Körpersprache und Umgang fallen mir spontan Begriffe wie »Be strict«, »Join up«, »Mit Pferden tanzen« oder auch »Natural Horsemanship« und »Tteam« ein. Alle haben etwas von Zauberformeln, denn oft versprechen sie einen Ausbildungserfolg in kürzester Zeit. Das mag für den Profi, der täglich seine Methode anwendet, zutreffen. Aber wie sieht das bei einem Freizeitreiter aus? Meine Erfahrung ist, dass man dafür selbst lange lernen und mit dem eigenen Körper tanzen können muss, bevor man ein Pferd wirklich tanzen lassen kann. Aus diesem Grund beschränke ich meine Ausbildung am Boden auf das wirklich Nachvollziehbare. Mit Gerte, Führstrick und klarer Führposition sowie einfachen Basisübungen kam bisher jeder meiner Schüler gut zurecht und es ließ sich ein sehr gutes Verhältnis zum Pferd aufbauen. Wir werden mit dem Pferd nicht im Roundpen oder Piccadero arbeiten, denn ich möchte vermeiden, dass das Jagen (dazu kann es sehr leicht kommen) in solchen Trainingsplätzen zum Alptraum wird. Das Pferd wäre am Ende verschreckt und unsere guten Absichten beim Teufel.

Im Beziehungstraining am Boden wird die Cheffrage geklärt und das Pferd dazu erzogen, in jeder Situation wie ein Schatten an unserer Schulter zu kleben. Er tut das, was wir von ihm verlangen, an jeder beliebigen Stelle und zu jeder beliebigen Zeit. Hier lernt unser Schüler Pferd erneut unsere Stimme kennen und durch sie Lob und Tadel zu unterscheiden. An dieser Stelle lernt das Pferd zudem die Gerte zu akzeptieren und uns, seinem Ausbilder und Freund, den nötigen Respekt zu zollen.

Sobald wir auf dem Pferd sitzen, erweitert sich das Spektrum unserer Hilfen erheblich. All diese Möglichkeiten wollen wir kurz diskutieren, damit wir die gleiche Sprache sprechen und un-

Harmonische Verständigung unter Partnern.

sere etwas andere Art zu reiten ohne größere Probleme gelingt.

Die Körpersprache im Sattel

Alles ändert sich, wenn wir aufsteigen! Vertrauen konnte in der Zwischenzeit am Boden aufgebaut werden und das Pferd wird gerne versuchen, uns zu verstehen. Es kennt unsere Berührung, es weicht dem Druck, lauscht aufmerksam unserer Stimme. Die Kommunikation, die vorher am Boden so einfach erschien, wird jetzt zur Probe. Auf unsere Gewichtsverlagerung im Sattel wird das Pferd nicht reagieren, weil es das gelernt hat, sondern aus Gründen des Gleichgewichts. Das erleichtert die Arbeit mit dem jungen Pferd.

Unser Kommunikationsspektrum im Sattel besteht aus:

- Körperdrehung (Blickwendung),
- Schenkeleinsatz,
- Gewichtsverlagerung und
- Stimme.

Unser Körpergefühl

Da ich mich mit meinem Ausbildungsprogramm auch an Freizeitreiter wende, deren Körpergefühl vielleicht noch nicht so entwickelt ist wie bei einem erfahrenen Trainer, sollen einige Übungen dabei helfen, es zu verbessern. Gerade die Körpersprache ist ein unabdingbares Element in der Ausbildung. Dient am Anfang beispielsweise ein Zug am Zügel auf der linken Seite des Pferdemauls dazu, dass das Pferd nach links geht, so ist später nur noch eine Körperdrehung nach links nötig, um dem Pferd die Richtung zu signalisieren. Allerdings klappt das nur dann, wenn das Pferd gelernt hat, diese beiden Hilfen beim Abwenden nach links miteinander in Verbindung zu bringen. In diesem Fall gehört auch noch das Strecken der inneren Seite, oder besser gesagt die geringfügige Bügelbelastung und die leichte Belastung der linken Gesäßhälfte dazu. Hinzu kommt, wenn wir schon über die Feinheiten reden wollen, das Belasten der inneren Hüfte und des inneren Beines am Gurt und der dadurch leicht zurückfallende äußere Schenkel. Das allerdings nur, wenn sich das Pferd biegt, somit außen dehnt. Zu kompliziert? Gut, dann vergessen wir das erst einmal wieder. Wichtig ist: Der Oberkörper soll sich drehen, denn unser noch unausbalanciertes Jungpferd wird weitere Feinheiten, wie gerade erwähnt, am Anfang nicht spüren.

Übung A: Die Drehung des Oberkörpers

Sitzen Sie ruhig auf dem Pferd, legen Sie den linken Arm auf den Pferdehals und den rechten auf die Kruppe. Wechseln Sie dann die Seiten.

Die Körperdrehung, wie Sie sie hier machen, ist natürlich etwas übertrie-

■ Dinah zeigt uns auf Minas die Übung zur Drehung des Oberkörpers.

■ Nicht einknicken und trotzdem drehen!

ben, sie soll Ihnen das Gefühl für die Drehbewegung vermitteln.

Übung B: Drehen, aber nicht einknicken
Sitzen Sie wieder ruhig auf dem Pferd. Halten Sie eine Gerte quer vor Ihrer Brust. Ihre Oberarme befinden sich an Ihrem Körper. Drehen Sie dann den ganzen Oberkörper jeweils nach links und rechts. Die Gerte soll bei der Drehbewegung waagerecht bleibt, dann machen Sie es richtig. Verändert sich der Winkel, in dem Sie die Gerte in Ihren Händen halten, dann ist das ein Zeichen dafür, dass Sie in der Hüfte einknicken.
Sie werden sehen, was mit dem richtigen Körpereinsatz möglich sein wird. Vor allem die Übung B kann man erweitern. Versuchen Sie Ihr Pferd nur durch Körperdrehung im Schritt um die Pylonen herum zu bewegen. Klappt das, sind Sie in der Ausbildung ein großes Stück vorwärts gekommen, und es wird sich bei Ihnen ein kleines Glücksgefühl einstellen. Allerdings sollten die Zügel, wenn Sie das ausprobieren, griffbereit auf dem Hals oder Horn des Sattels liegen. Je weiter die Ausbildung fortgeschritten ist, umso eher wird das Pferd auch wie von allein den Kopf in die richtige Richtung mitdrehen.

Gezielte Blickwendung und Hüftdrehung

Nun gilt es zwei Elemente in unser Spektrum der Hilfengebung aufzunehmen, die wir für unser feines Reiten nutzen werden: Die gezielte Blickwendung und die Hüftdrehung. Obwohl diese Hilfen manch einem vielleicht ungewohnt erscheinen, werden sie schon seit Jahrhunderten eingesetzt. Sie gerieten nur in Vergessenheit oder wurden ein wenig vernachlässigt. In Verbindung mit der Gewichtshilfe bilden sie unsere Basis für feines Reiten.
Einer meiner Schüler brachte den Vergleich mit dem Fahrradfahren auf. Man schaut wie beim Fahrradfahren genau in die Richtung, in die man reiten möchte. Genauso ist es!
Möchten wir nach links reiten, so müssen wir unseren Blick auch deutlich in diese Richtung wenden und dabei die Schulten mitnehmen. Dabei schauen wir nach vorne, keinesfalls nach unten oder direkt auf den Kopf des Pferdes. Das hätte zur Folge, dass man seinen Kopf senkt, die Schultern absacken und man letztlich den korrekten Sitz verliert. Ich werde nun die Wichtigkeit der Körperdrehung am Beispiel einer Linksvolte verdeutlichen.

Die Hilfen für eine Linksvolte
Der Kopf wird nach links gedreht und die rechte Schulter vorgeschoben, während die linke Schulter leicht in der Bewegung zurückfällt. (Stellen Sie sich vor, Sie hielten eine Lenkstange zwischen den Händen.) Dabei muss man aber darauf achten, dass man sich weder in die Kurve legt, noch in der Hüfte einknickt. Die Schultern sollen parallel zur Schulter des Pferdes

oder leicht vorauseilend sein. Gerade dem unausgebildeten Pferd sollten wir, wie schon erwähnt, überdeutlich zeigen, was wir von ihm verlangen. Diese Körperdrehung bewirkt, dass der äußere Oberschenkel einen leichten Druck auf das Pferd ausübt, es so auf dem Kreisbogen hält und veranlasst, weiter nach links zu gehen. Gleichzeitig wird der innere Bügel am Pferd geringfügig belastet[1] (Bügeltritt am Gurt).

Wir dürfen uns allerdings nicht verkrampfen oder uns wie ein Kirschkern aus dem Sattel drücken und so eine korrekte leichte Hüftdrehung verhindern. Die meisten Pferde sind anfangs ungymnastiziert und laufen wie Dachlatten immer mehr in den Zirkel oder die Volte hinein. Sie fallen auf die innere Schulter. Das Pferd kann sich nicht genügend biegen.

Dieses Drängen des Pferdes nach links innen muss korrigiert werden, indem wir das Gewicht nach außen verlagern. Der innere Schenkel muss ein weiteres Nach-innen-Gehen verhindern und zusätzlich muss der Bügeltritt rechts das Pferd veranlassen, auf der äußeren Bahn zu bleiben bzw. dorthin zurückzukehren. (Siehe Zirkel vergrößern, S. 140 f.)

Allzu oft drehen wir unseren Körper nicht genug und versuchen stattdessen mit der inneren Hand und dem vorgeschobenen linken inneren Arm und der Schulter, das Pferd wieder nach außen zu drücken. Ein gravierender Fehler, denn diese Art der Hilfengebung bewirkt nichts. Also müssen wir darauf achten, Kopf und Oberkörper ausreichend weit in die vorgedachte Richtung, ohne in der Hüfte einzuknicken zu drehen und dennoch die anderen Hilfen entsprechend deutlich zu geben.

Die Beine

Die Unterschenkel sind ein unerlässliches »Instrument« zur exakten Hilfengebung. Sie sollen locker und gerade am Pferdekörper anliegen, weder nach vorn weggestreckt, noch angepresst oder gar künstlich nach hinten gelegt sein. Im Interesse eines guten und festen Sitzes sollten die Knie mit stetem, aber leichtem Kontakt anliegen und somit bei jeder Drehung des Oberkörpers die Oberschenkel unterstützen.

Der Schenkeleinsatz ist zusammen mit den anderen Hilfen notwendig, um dem Pferd eindeutige Signale geben zu können. Die Schenkelhilfe sollte nach und nach gezielt auf ein Minimum reduziert werden. Nur so erreichen wir Sensibilität, denn bei ständig

[1] *Es würde an dieser Stelle der Ausbildung von Pferd und Reiter zu weit führen, über die Hilfe der nach innen vorgeschobenen Hüfte genau zu referieren. Das Pferd würde es ohnehin noch nicht verstehen. Ich begnüge mich daher mit der Erwähnung dieser ganz leichten Bügelbelastung am inneren Gurt mit entspannter Wadenmuskulatur. Andere Ausbilder nennen es Strecken der Innenseite.*

Gezielte Blickwendung und Hüftdrehung – so sollte es aussehen.

klopfendem Schenkel stumpft jedes Pferd mit der Zeit ab.

Der Einsatz der Schenkel soll als treibende Hilfe vom Pferd verstanden werden. Wir setzen diese Hilfe in erster Linie als Signal zum Anreiten oder Verstärken des Tempos ein. Das Pferd lernt den Unterschied zwischen vorwärts treibendem und seitwärts treibendem Schenkel kennen, indem wir den einen Schenkel stärker einsetzen und das Pferd dazu auffordern, sich seitwärts zu bewegen. Wir möchten, dass es dadurch dem Schenkel weicht.

Schenkelhilfen sind ein äußerst komplexes Thema, welches schon Generationen von Reitern beschäftigt hat. Nicht umsonst geht in den Lehren der Alten Reitmeister der eigentlichen Reitanweisung ein Kapitel über Anatomie voraus, in dem ausführlich erklärt wird, welcher Muskelstrang wann bewegt wird und wie der Schenkel im entsprechenden Moment unterstützend einzusetzen ist. Wer mehr über dieses interessante Thema erfahren will, sollte sich entsprechende Literatur verschaffen. Ich empfehle den Klassiker *Die Logik in der Reitkunst* von Peter Spohr. Das Buch erschien 1998 beim Olms Verlag.

Durch Sporen können wir das Reiterbein unterstützen. Spürbar, eindeutig und sicherlich angenehmer als ein

So sollte es nicht aussehen: eingeknickte Hüfte auf der Innenseite, vorgeschobene Schulter und Hand, der Versuch das Pferd herauszudrücken – dabei verkrampfte, schräge Kopfhaltung.

ständig klopfender Absatz oder ein fortwährend angepresster Schenkel. Sobald das Pferd verstanden hat, was von ihm verlangt wird, wird der Sporeneinsatz minimiert.

Und noch eines: Sporen dienen dazu, die Reiterhilfe zu unterstützen. Sie sind kein Instrument der Strafe. Es gibt einige Pferde, die anfangs die Sporen nicht akzeptieren oder kitzelig in den Flanken sind. Hier obliegt es dem Reiter, entweder ganz auf Sporen zu verzichten oder das Pferd langsam daran zu gewöhnen. Wenn wir ein solches Pferd reiten, dürfen wir es auf keinen Fall für die vermeintliche Widersetzlichkeit strafen.

Auf den Einsatz der Schenkel wird in den entsprechenden Kapiteln immer wieder eingegangen. Ob leichter Einsatz der Wade oder starker Einsatz der Sporen ist vom Ausbildungsstand und vom Typ des Pferdes abhängig. Daher sollten wir immer wieder in unser Pferd hineinhorchen und ein Gefühl für seine Bewegungen bekommen, um die Schenkel entsprechend einsetzen zu können.

■ **Die richtige Lage des Schenkels.**

Das Gewicht

Während wir versuchen, die Schenkel- und Sporenhilfen zu minimieren, tritt mehr und mehr die Gewichtshilfe an diese Stelle. So ist es möglich, anstatt der Schenkel, vermehrt das Gewicht einzusetzen. Grundsätzlich gilt: Die Gewichtshilfen werden in Bewegungsrichtung gegeben. Schauen wir uns hierzu drei Beispiele an.

1. Wir wollen ein Pferd korrigieren, das auf der Rechtsvolte nach innen drängt. Wir verlagern unser Gewicht in die gewünschte Richtung, also nach links (außen). Dazu treten wir den linken Bügel aus und belasten die linke Gesäßhälfte, ohne in der Hüfte einzuknicken, bis das

Pferd den gewünschten Voltenradius erreicht hat.

2. Wenn wir nach rechts über eine Stange traversieren wollen, belasten wir den rechten Bügel. Das Pferd wird versuchen, sein Gleichgewicht zu erhalten und unserer Bewegung nach rechts zu folgen. Allerdings müssen wir wieder darauf achten, nicht in der Hüfte einzuknicken.
3. Wir reiten ein Pferd im Rechtsgalopp. Dazu wird das Gesäß als treibende Hilfe eingesetzt, selbstverständlich bei abgekipptem Becken. Dies sieht beim Rechtsgalopp folgendermaßen aus: Anstatt bei jedem Galoppsprung, den inneren (rechten) Unterschenkel ans Pferd zu pressen, belasten wir vermehrt die rechte Gesäßhälfte, treten den rechten Bügel dabei kräftig aus und bringen unser rechtes Bein mehr in die Bewegungsrichtung.

Zur Illustration: Im Rechtsgalopp greift das rechte Beinpaar weiter nach vorne als das linke. Dadurch entsteht auf dieser Seite eine stärkere Auf- und Abbewegung. Wir müssen entsprechend auf dieser inneren (rechten) Seite gezielt in die Bewegung eingehen und sogar der Bewegung etwas voraus sein, um mit unserem inneren Gesäßknochen treibend wirken zu können. Im Moment des Untertretens entsteht ein Schwung, der es nötig macht, vermehrt in den Steigbügel zu treten. Für den Betrachter entsteht der subjektive Eindruck als würde es an ein- und derselben Stelle verharren und diene als Stütze, um den Links- und Rechtsgalopp gefühlsmäßig zu unterscheiden.

Leider beobachtet man vielfach folgenden Fehler: Das rechte Bein des Reiters gerät immer mehr hinter die Bewegung und wird hochgezogen.

Fein aufs Gewicht eingestellte Pferde erscheinen dem Betrachter, als würden sie ohne sichtbare Hilfen geritten. Dafür ist besondere Sensibilität des Reiters von Nöten. Er wird am Ende dafür mit einem äußerst leichtrittigen Pferd belohnt.

Kommunikation durch Zügelhilfen

Am Anfang der Ausbildung ist der Zügel die direkte Verbindung zwischen Reiter und Pferd. Der Ausbilder zeigt dem Pferd mit dem Zügel den Weg. Später wird dieses deutliche Zeigen durch feinere Zügelhilfen ersetzt.

Wie viel oder wie wenig Zügelhilfen sind erforderlich? Wann benötigen wir starken Zügelkontakt zum Pferdemaul und wann gar keinen? Dieser und anderen Fragen werden wir auf den Grund gehen. Prinzipiell ist sogar ein Reiten völlig ohne Zügel möglich, was aber eine jahrelange Ausbildung erfordert.

Eines Tages ist das Pferd soweit, dass wir es zum Beispiel einen sauberen Renvers (Seitengang) im Jog (langsamer Trab) durch die Ecken der Reitbahn gehen lassen können. Wir spüren, wie das Pferd von hinten weit untertritt und entlassen es mit weichem Schwung auf die Gerade. Plötzlich stellen wir fest, dass die Zügel für einige Zeit völlig lose durchhängen und das Pferd dennoch versammelt mit schön gewölbtem Rücken sowie ästhetischer Kopfhaltung weiterläuft. Ein wahrlich erhebendes Gefühl. Ein Beweis für die Richtigkeit der Thesen Alter Reitmeister: Je höher die Ausbildungsstufe, desto länger können die Zügel werden.

Die Anwendung der Zügel im Laufe der Ausbildung

Wie viel oder wie wenig Zügel braucht das Pferd? Läuft das Pferd dem stellenden Zügel nach oder läuft das Pferd zwischen zwei Zügeln? Der Grad des angenommenen Zügels bestimmt, ob ein führender Zügel genügt oder ob das Pferd zwischen zwei Zügeln geführt wird. Dies sieht in der Pferdeausbildung folgendermaßen aus:

1. Am Anfang soll das Pferd seinem Kopf nachlaufen. Dazu zupfen wir am entsprechenden Zügel und lassen sofort wieder los. Niemals permanent festhalten oder ziehen. Der *innere Zügel stellt und führt* somit in die Bewegungsrichtung.

2. Später wird das Pferd zwischen zwei Zügeln geführt. Übt man vermehrt Zug auf die innere Seite des Pferdemauls aus, muss als Gegengewicht auch auf den äußeren, zweiten Zügel etwas Zug ausgeübt werden, sonst drängt das Pferd über die äußere Schulter weg. Der *äußere Zügel hat eine begrenzende und ausgleichende Wirkung*. Er ergänzt den inneren Zügel.

■ **Lusitano Jacu zeigt Ausdruck im Renvers im Trab.**

3. Mit fortschreitender Ausbildung ist das Pferd gymnastizierter und dadurch erheblich versammlungsfähiger. Allein der äußere Zügel genügt, um dem Pferd die Richtung anzuzeigen. Der Kopf stellt sich nun fast von selber, allein durch Sitz- und Schenkelhilfen in die entsprechende Richtung. Dies wird durch Anlegen des äußeren Zügels an den Pferdehals unterstützt. Wir sprechen von Neck-Reining. Der *äußere Zügel führt*.

4. Ein sicher nicht von jedem angestrebtes Stadium wäre nun das Reiten ohne Zügel, nur mittels Gewicht, Schenkeln, Sitz und eventuell der Stimme.

Zu 1. In der ersten Lernphase benötigt das Pferd selbstverständlich intensive Zügelhilfen. Dabei steht nur der innere Zügel im Vordergrund.
Zum Beispiel in einer Rechtsvolte der rechte Zügel. Dieser zeigt dem Pferd den Weg und stellt seinen Kopf in die vorgedachte Richtung. Wir zupfen lediglich am inneren Zügel und vermeiden heftiges Ziehen oder Zerren. Der äußere Zügel liegt locker an der (äußeren) Schulter des Pferdes. Er wird zunächst kaum benutzt. Der innere Zügel wird leicht höher gehalten. Dies ist vergleichbar mit dem Führen des Pferdes vom Boden aus in einer Führposition eng seitlich neben oder hinter dem Pferd. Hier macht sich vorbereitende Bodenarbeit positiv bemerkbar. Pferde, die so gearbeitet worden sind, werden wenig Probleme haben, dies nach oben zu übertragen.
Zunächst ist nur eines wichtig: Das Pferd soll lernen, seiner Nase nachzulaufen und dem Stellungszügel zu folgen.
Schon in diesem ersten Ausbildungsstadium setzen wir stark unser Gewicht und die Blickwendung (Körperdrehung) ein.
Sobald die Volte beendet ist, hört die eigene Körperdrehung auf und der innere Zügel kehrt an den Hals zurück. Ein Zeichen für das Pferd, nun geradeaus zu laufen. Haben wir Pylonen zur Verfügung, können wir um diese herum abwechselnd Links- und Rechtsvolten reiten. Es ist sehr darauf zu achten, dass der jeweils äußere Zügel inaktiv bleibt. Nach einiger Zeit wird das Pferd verstehen, was wir von ihm wollen.

Hartmut Luther »zeigt« Hajati den Weg.

Es ist wichtig, zwischen einer Rechts- und einer Linksvolte zwei, drei Schritte geradeaus zu gehen, wobei der Zügel zum Hals zurückkehrt und danach der neue, richtungsweisende Zügel aufgenommen wird. Drängt ein Pferd zum Beispiel in einer Rechtsvolte nach innen und versucht so den Weg abzukürzen, verlagern wir unser Gewicht nach außen und versuchen uns weiterzudrehen, ohne in der Hüfte einzuknicken. Der rechte Schenkel treibt unterstützend das Pferd wieder nach außen. Reicht das noch nicht aus, drücken wir den rechten Zügel tief an den Hals und versuchen dennoch, die Stellung des Kopfes durch Zupfen nach rechts zu erhalten, sowie das Pferd zusätzlich mit Wade und Sporn stärker nach außen zu treiben. Dabei weicht das Pferd idealerweise einige Schritte über die linke Schulter nach außen und wir erhalten einen größeren Voltendurchmesser.
Später machen wir uns das Bewegungsmuster des Volten- und Zirkelvergrößerns für unseren ersten Seitengang zu Nutze: das Schulterherein mit geringer Abstellung bzw. das Schultervor.
Beim Vergrößern einer Volte oder eines Zirkels darf auf keinen Fall am in-

Carmen Lux führt den Vollblutaraber Minas mit vermehrter Anlehnung zwischen zwei Zügeln.

■ **Reiten ist eine Sprache – perfekte Kommunikation ohne Zaum und Zügel zeigte Hartmut Luther auf seiner Welsh Cob Stute Black Velvet auf einer Show-Veranstaltung 1990.**

neren Zügel gezogen werden, um das Pferd nach außen zu treiben. Wir sollten diese Art der Hilfengebung unbedingt vermeiden, da diese Fehler oft nicht wieder gut zu machen und für die weitere Ausbildung hinderlich sind. Lernt das Pferd dagegen, bereits in diesem frühen Stadium auf leises Zügelzupfen zu reagieren sowie den Gewichts- und Schenkelhilfen zu folgen, haben wir schon viel erreicht und die weitere Ausbildung gestaltet sich ohne große Kraftanstrengungen wesentlich leichter. Nur wenn wir konsequent das Pferd für die geringste Willigkeit durch Pausen am langen Zügel belohnen, werden wir später ein leicht rittiges Pferd haben, welches auf feinste Hilfen reagiert.
Alle hier beschriebenen Übungen gelingen am besten mit dem Snaffle-Bit, der kalifornischen Wassertrense.

Zu 2. In der weiteren Lernphase, in der wir das Pferd taktmäßig, also in stets regelmäßigem Tempo im Schritt und Trab reiten möchten, benötigen wir zunehmend den äußeren Zügel. Das Pferd wird die verschiedensten Ausweichmanöver unternehmen, um der Längsbiegung (laterale Biegung) zu entgehen. Es wird zum Beispiel gerne nach innen drängen. Wir setzen dann den inneren Schenkel dagegen. Wenn das Pferd nach außen drängt, setzen wir das äußere Bein und den äußeren Zügel dagegen. (Unsere Körperdrehung muss unter allen Umständen erhalten bleiben.) So entsteht ein kleiner Balanceakt und das Pferd kommt aufgrund der ersten Biegeübungen in eine schöne Kopfhaltung. Dann werden Seitengänge wie Schulterherein oder Travers möglich. Es entstehen die diagonalen Hilfen.

Zu 3. Während der fortgeschrittenen Ausbildungsphase gewinnt der äußere Zügel immer mehr an Bedeutung. Beim späteren einhändigen Reiten wird das Pferd im Wesentlichen durch den angelegten äußeren Zügel geführt (Neck Reining). Für das Reiten von Seitengängen ist ein vermehrter Kontakt zum Pferdemaul zunächst unerlässlich.
Es gilt das Prinzip: So wenig Zügel wie möglich, aber soviel wie für die Übung nötig. Versteht das Pferd, was ich will, so lockere ich die Verbindung. Ich gebe nach. Um das Pferd später in einer gewissen Versammlung zu erhalten, ist eine Zügellänge von Nöten, die es uns erlaubt, aus dem Sitz heraus das Pferd zu treiben und in die Hand zu versammeln. Das Ziel ist es, das Pferd von hinten zu reiten und damit auf der Hinterhand arbeiten zu lassen.

Nur so entwickelt das Pferd die notwendigen Tragkräfte, die es auch im hohen Alter gesund erhalten und uns tragen lassen, ohne vorzeitigen Schaden an Rücken und Vorhand zu nehmen.

Zu 4. In der modernen Westernreiterei gibt es zuweilen das Bestreben, Pferde am durchhängenden Zügel zu reiten. Einige Trainer beginnen in der ersten Ausbildungsphase ähnlich wie oben beschrieben, wenden sich dann allerdings anderen Spezialübungen zu, die lediglich auf das Turniergeschehen ausgerichtet sind. Der Weg, den wir beschreiten, ist ein anderer. Die mögliche Spezialisierung verschieben wir zum Wohle des Pferdes auf einen wesentlich späteren Zeitpunkt. Bis dahin ist es nicht unser Ziel, möglichst früh Turniere zu besuchen, am durchhängenden Zügel zu reiten und die Richter dadurch zu beeindrucken. Denn in einer so frühen Ausbildungsphase könnte dies kaum auf ordnungsgemäße Gymnastizierung und Versammlung im Sinne von Hankenbug zurückzuführen sein.
Dennoch ist es möglich, das Pferd am Ende der hier beschriebenen konsequenten Ausbildung ebenfalls völlig ohne Zügel zu reiten. Ob es allerdings möglich sein wird, Seitengänge aller Variationen ohne jede Zügelhilfe zu reiten, bleibt zumindest abzuwarten.
Hinweis: Aus versicherungsrechtlichen Gründen ist davon ohnehin abzuraten.

Für uns ist in der Ausbildung junger Pferde wichtig:

- *Am Anfang mit dem inneren Zügel den Weg durch leichtes Zupfen weisen. Nicht ziehen!*
- *Später vermehrter Einsatz des äußeren Zügels; aber erst dann, wenn das Pferd den Kopf lateral (seitlich abstellt) biegt. Dann wirkt der äußere Zügel so, dass er bei ebenfalls leichtem Zupfen und gleichzeitig treibenden Hilfen den Kopf des Pferdes in vertikaler Richtung beeinflusst (erste Vorstufe zur Beizäumung, später Versammlung in der Biegung, zum Beispiel auf der Volte). Da wir möglichst kleine Signale geben, lassen wir sofort nach, wenn das Pferd entsprechend reagiert. Gewichts-, Schenkel- und alle anderen beschriebenen Hilfen sind von Anfang an unabdingbar.*

■ Die fortgeschrittene Variante – Hartmut Luther und Jacu im perfekten Stopp aus dem Trab.

Richtiger Sitz und Haltung

Ein guter Sitz ist der Schlüssel zum guten Reiten. Darüber hinaus sollte er für den Reiter einfach zu erlernen, bequem und rückenschonend sein. Wenn also der richtige Sitz den individuellen anatomischen Bedürfnissen des einzelnen Reiters gerecht werden könnte, wäre dies eine tolle Sache. Klar sollte auch sein, dass der Sitz für den Partner unter dem Sattel ebenfalls angenehm und ihm gerecht werden muss.

Der Sitz hat eine direkte Einwirkung auf den Bewegungsapparat des Pferdes. Durch ihn kann man die Versammlung und Hankenbeugung, aber genauso die Biegung des Pferdes, beeinflussen. Wir können durch unseren Sitz so auf das Pferd einwirken, dass wir Tempi verstärken und reduzieren können und dennoch den Schwung erhalten, was durch bloßes Bremsen, durch Ziehen am Zügel, nicht möglich wäre. Vorwärtstreiben durch übermäßige Hüftbewegungen bis hin zum Pumpen im Galopp hat eine negativ treibende Wirkung. Flucht würde dem Pferd vermeintlich die Gymnastik ersparen oder erleichtern. Letztendlich ist unser Ziel, dass nach Jahren der Ausbildung doch ein versammelter, kadenzierter und leichter Galopp, aus dem »fliegenden Wechsel«, bei Seitengängen und in der Pirouette möglich ist. Mit einem rasenden Pferd, das noch auf die innere Schulter und Vorhand fällt, ist das nicht möglich und sieht auch nicht schön aus. Wir brauchen also einen Sitz, der für den Reiter bequem und sicher ist sowie keinerlei gesundheitliche Schäden hervorruft. Einen Sitz, der für das Pferd angenehm ist und durch den man richtig auf das Pferd einwirken kann. Wenn es zudem noch ästhetisch aussieht, dann hätten wir es doch.

Der korrekte Sitz.

■ Fehlerhafter Sitz: mit Hohlkreuz auf dem Spalt.

■ Sitz à la John Wayne – hängende Schultern, runder Rücken und nach vorne gestreckte Beine.

Wie sieht der richtige Sitz aus?

Wichtig ist vor allem, dass wir bequem und locker aussitzen und dabei die Vorderbeine des Pferdes zu entlasten suchen. Um den Sitz zu erklären, nehme ich gerne folgendes Bild zu Hilfe. Wir sitzen entspannt im Sattel und lassen uns wie ein Kartoffelsack nach hinten sinken. Gleichzeitig nehmen wir aber die Schultern zurück, um dem Oberkörper in eine ästhetische und aufrechte Haltung zu bringen. Das kann man als Oberkörperspannung bezeichnen, was aber nichts mit Verspannung zu tun hat. Dadurch entsteht der subjektive Eindruck, der Reiter hätte seine Haltung nicht verändert.

Was in der Tat passiert: Wir haben das Becken abgekippt und eine aktive Gewichts- bzw. Gesäßhilfe gegeben, indem wir den Schwerpunkt in Richtung der Hanken verlagert haben. Der untere Körperbereich des Reiters (Lendenwirbelbereich) dient als Rundbogenfeder. Dieses bedingt einen Sitz mit nach hinten abgekipptem Becken(ring), so dass sich die Gürtelschnalle im Moment des Abkippens dem Bauchnabel nähert. Wir möchten einen aufgerichteten Rücken ohne Hohlkreuz erreichen. Jeder Mensch hat ein individuelles Skelett, so dass sich keine streng anatomischen Fakten als Regeln formulieren lassen. Es gibt Sättel, die das Abkippen des Beckens erschweren. Dazu müsste man die Bauchmuskeln mehr anspannen, um wieder aufgerichtet zu sitzen. Die falsche Tendenz zum Hohlkreuz wäre dann wieder gegeben.

Die Beine sollen locker am Pferdekörper angelegt werden. Die Bügel müssen so lang sein, dass wir leicht in den Fußgelenken durchfedern und beim Aufstehen im Sattel diese ohne Probleme berühren können. (Nicht aber 10 cm über ihnen schweben.)

Je stärker das Becken abgekippt wird, desto mehr neigen die Schultern des Reiters dazu, nach vorne zu fallen. Damit würden sie die Gewichtsverlagerung (Schwerpunktverlagerung) nach hinten nicht nur teilweise aufheben, sondern rufen sogar gegenteilige Gewichtshilfen hervor.

So wird es richtig:

- Schultern zurücknehmen, ohne ein Hohlkreuz zu machen
- Kopf gerade und aufrecht halten
- Blick nach vorne richten

Durch verschiedene Stufen dieser Hilfen, bzw. durch mehr oder weniger starke Winkelung des Beckenringes, verlagern wir je nach Bedarf den Schwerpunkt unseres Körpers nach hinten.

- Beine lang und lotrecht halten
- Bügel mit federnden Fußgelenken ausgetreten
- Becken abkippen

Was ist dynamisch richtiges Sitzen?

Der Sitz und damit das Gewicht des Reiters soll in harmonischem Einklang mit der jeweiligen Aktion und Bewegung des Pferdes stehen. Der Reiter folgt der Rückentätigkeit des Pferdes. Er sitzt passiv und versucht der Bewegung und dem Muskelspiel des Pferdes so zu folgen, dass beides nicht gestört wird. Er sitzt gelöst. Diesen Vorgang bezeichnen wir als dynamisch angepasstes Aussitzen.

Geht der Reiter aktiver in die Bewegung bei stärker abgekipptem Becken ein, entsteht eine treibende Hilfe (vorwärts treibender Sitz).
Sitzt er leicht gegen die Bewegung, stört also dessen Ablauf, so kann er zum Beispiel die Gangart wieder verlangsamen und den Takt des Pferdes beeinflussen. Dabei bleibt der Sitz insgesamt erhalten, der Reiter folgt lediglich nicht mehr der Muskel- bzw. Rückentätigkeit des Pferdes. Anstatt einer treibenden Hilfe entsteht eine hemmende Gewichtshilfe. Für uns soll diese Erklärung des Gegensitzens genügen.
Wir merken uns: Eine Hilfe, welche verändernd auf die Gangart wirkt, wird nur so lange gegeben, bis das Pferd sie befolgt (=Signalreitweise). Danach soll sofort wieder geschmeidig gesessen werden. Das bedeutet, der Reiter sitzt in natürlicher Balance in einem dynamischen Gleichgewicht, welches aus der Schwerelinie des Pferdes und dem Körper des Reiters gebildet wird. Der Oberkörper und das abgekippte Becken liegen hinter der Schwerelinie des Pferdes. Durch die feste Lage des Sattels bedingt, ist ohnehin keine große Lageveränderung möglich. Die Haltung des Reiters sollte natürlich und physikalisch immer im Gleichklang mit der jeweiligen Aktion stehen. Für das Wohl des Pferderückens ist es wünschenswert, in jeder Gangart kadenziert, mit stärkerer Belastung in Richtung der Hanken sitzend zu reiten. Wie weit das möglich ist, hängt vom Ausbildungsstand des Pferdes ab. Da wir unsere Lage – wie schon gesagt – kaum verändern können, müssen wir das Pferd formen.
Wenn wir uns nun einmal die sich verändernden Verhältnisse bei mehr oder weniger starker Versammlung des Pferdes ansehen (zum Beispiel beim Stopp, bei Seitengängen oder dem Rückwärtstreten), dann erklären sich die Gewichts- und Oberkörperhilfen fast von alleine.

Der Sitz beim konsequenten Anhalten

Für den Freizeitreiter soll hier zunächst einmal das konsequente Anhalten (Stopp) betrachtet werden. Um die Vorhand weit gehend zu entlasten, soll das Pferd beim Anhalten seine Kruppe senken und den Rücken locker wölben. Bei einem Stopp aus einer höheren Gangart übernimmt die Hinterhand fast vollständig die Tragkraft. Um das Pferd dabei zu unterstützen, muss der Reiter gleichzeitig seinen Schwerpunkt ebenso stark zurückverlagern. Dieses erreicht er nur durch größtmöglichstes Abkippen des Beckens, durch das Zurücknehmen der Schultern und Geradehalten des Oberkörpers und des Kopfes. Die Vorhand des Pferdes soll leicht, Hüft-, Knie- und Sprunggelenke sollen dagegen gebeugt sein (Hankenbeugung oder Hankenbug). So kann Anhalten zu einer Lektion mit höchster Versammlung werden. Beinschäden an den Vordergliedmaßen kann man auf diese Weise verhindern.

Lehnt der Reiter sich allerdings zu weit nach hinten, wirkt die Kraftresultierende, also der Druck, nicht in Richtung Hinterhand, sondern in Richtung Vorhand.

Ein ebensolcher Effekt entsteht, wenn der Reiter seine Schultern nicht mit zurücknimmt. Was bedeutet, dass sie an einem fiktiven Punkt zu verharren scheinen, doch in Wirklichkeit sogar das Gegenteil der erwünschten Wirkung erzielt wird, da die Schultern durch die sehr starke Winkelung des Beckenrings leicht nach vorne geraten. (Das führt dann zu einem runden Rücken.) Wahrscheinlich bleibt das Pferd sogar stehen, doch es hält auf der Vorhand ohne Hankenbug an. Es wurde durch das gestörte Gleichgewicht des Reiters verunsichert. Der Reiter droht, bedingt durch die Trägheit der Masse, nach vorne zu fallen.

Der Sitz bei den Seitwärtsgängen

Auch bei den Seitwärtsgängen soll sich der Reiter im Einklang mit der Bewegung des Pferdes befinden. Soll das Pferd in eine bestimmte Richtung weichen, muss der Reiter diese durch eine Gewichtshilfe vorgeben. Der Reiter sitzt immer in Bewegungsrichtung und lässt das Pferd unter sein Gewicht treten Die Beine können so besser kreuzen. Hierbei besteht wie so oft die Gefahr, dass er hinter die Bewegung gerät und in der Hüfte einknickt. Er muss daher vorausschauend denken und vorauseilend handeln.

Der Sitz beim Rückwärtstreten

Sprechen wir nun über das Rückwärtstreten. Korrekt ausgeführt, setzt das Pferd seine Hinterbeine weit unter seinen Körper, seine Kruppe senkt sich, es nimmt die Nase tief. Es entsteht eine Art Versammlung?[2] Aufgrund unserer Feststellungen zuvor, ergibt sich als Hilfe eine Schwerpunktverlagerung des Reiters durch Beckenabkippen in Richtung Hanken. Lediglich die Hand verhindert durch Verharren ein Antreten des Pferdes nach vorne.

■ Geschicklichkeit fördern – eine intelligente Möglichkeit ist die Seitwärtsbewegung über die Stange.

Gerade in der Western- oder iberischen Reitweise ist ein schnelles Zurücktreten üblich. Dabei wird der physikalische Unterschied zum Anhalten besonders deutlich. Die Hinterhand übernimmt nun nicht nur starke Tragkräfte durch Absenken der Kruppe, sondern zusätzlich noch Schubkräfte nach rückwärts.

In der Praxis bedeutet dieses für uns: Das Becken wird stärker abgekippt, die Schultern werden zurückgenommen, der Oberkörper wird gerade gehalten. Dabei muss man allerdings darauf achten, nicht hinter die Bewegung zu geraten oder sich nach vorne zu neigen. Sonst wird es schwierig, das Pferd wieder anzuhalten. Neigen Sie sich lieber einen halben Zentimeter mehr nach hinten als nach vorne. Wer je einen Trailparcours durchritten hat, weiß was dieses bedeutet: Ist man einmal während des Rückwärtstretens hinter die Bewegung geraten, müsste man sich regelrecht nach hinten werfen, um wieder anzuhalten. Ein schwächeres Einsitzen und stärkeres Aufrichten, nebst Schenkel- und Sporenhilfe und Nachgeben der Zügel sind nötig, um ein rückwärts tretendes Pferd wieder anzuhalten.

[2] *Eine korrekte Versammlung im klassischen Sinn ist niemals von vorne nach hinten gerichtet, sondern entsteht durch Herantreten der Hintergliedmaßen an die Vordergliedmaßen. Der Grad der Versammlung des Pferdes bestimmt die natürliche Balance des Reiters. Je versammelter das Pferd zu gehen vermag, desto mehr wird der Schwerpunkt des Reiters in Richtung Hanken verlagert und belastet die Vorhand weniger. Das Pferd wird durch geringfügigere Gewichts- und Gesäßhilfen viel mehr beeinflusst, ähnlich einem Joystick: kleine Bewegung – große Wirkung. Ein fein abgestimmtes Reiten wird möglich. Ein schönes Ziel.*

Teil II
Das Soft-Horse-Riding-Programm

Vorbereitung auf das Anreiten

Wissenswertes zu Beginn

Am Anfang jeder Pferdeausbildung stellen wir uns die Frage: Ist das Pferd alt genug? Ist es körperlich und psychisch in der Lage, das, was wir verlangen, auch umzusetzen?

Eine allgemein gültige Antwort darauf zu geben ist sehr schwierig. Gesichert ist nur die Erkenntnis, dass Pferde erst mit vier bis fünf Jahren wirklich vollständig ausgewachsen sind. Demgegenüber steht ein so frühes Anreiten von Rennpferden oder auch Quarter Horses in der Westernszene. Hier wird gerne bereits mit Zweijährigen unter dem Sattel gearbeitet. Ich persönlich finde es eine unglaubliche Ausbeutung des Tieres. Mit Tierliebe hat das nichts zu tun. Es erinnert an Industrie und so nennen zum Beispiel die Amerikaner auch ihre Pferdezucht.

Es drängt sich die Frage auf, wie alt denn das Pferd nun wirklich sein darf, damit es für uns Menschen zu dem herangezogen werden kann, wozu es im Sinne des Schöpfers eigentlich nicht gemacht wurde ... nämlich zu einem Reitpferd? Denn kein Pferd wird mit Sattel geboren.

Ein Kompromiss ist, das Pferd mit vier Jahren an das Gerittenwerden zu gewöhnen. Frühestens mit drei bis dreieinhalb Jahren sollte man für die ersten Versuche einen Sattel auflegen und zum Reiten eine Verbindung herstellen. Wenn alle körperlichen Voraussetzungen vorhanden sind, wie sieht es mit der psychischen Verfassung des Pferdes aus? Hier gilt alles sinngemäß. Wir Ausbilder, Reiter und Besitzer von Pferden müssen dafür Sorge trage, dass unser Partner weder überfordert noch in seiner Psyche zerstört wird, weil wir beispielsweise zu viel von ihm verlangen. Das abzuwägen bleibt der Feinfühligkeit des Einzelnen überlassen.

Weniger ist mehr – wenn das die Devise für die nächsten Monate der Ausbildung wird, kann fast nichts mehr schief gehen. Wir werden hier Schritt für Schritt gemeinsam vorwärts gehen.

Diese Art des Anreitens ist für junge Pferde prädestiniert, da sie sowohl auf die individuelle als auch auf die artgemäße Psyche des Tieres eingeht.

Monsterballen

Das Pferd soll gefordert werden und sich bei allem als Pferd fühlen dürfen, ohne überfordert zu werden. Deshalb ist ein Beziehungstraining, in der die Dominanzfrage geklärt und das Vertrauen aufgebaut wird, unverzichtbar. Die Bodenarbeit macht das tägliche Zusammenleben einfach und viele Missverständnisse treten erst gar nicht auf. Es entwickelt sich eine Partnerschaft zwischen Mensch und Pferd. Nach diesen vertrauensbildenden Maßnahmen ist das erste Satteln, das erste Aufsteigen und sind die ersten Schritte unter dem Sattel oft kein Problem mehr. Wir haben ein ausgeglichenes Pferd, das vielen unterschiedlichen Reizen ausgesetzt wurde und das schon viele Herausforderungen im Gelände und auf dem Platz mit seinem Menschen gemeistert hat. Es wird selbstbewusst und erhält ein positives Körpergefühl.

Um ein rittiges Pferd zu erhalten, muss es gymnastiziert werden. Nach meinem Programm reichen kleine Übungseinheiten, die die Muskulatur dehnen und langsam aufbauen. Kondition ist dabei zweitrangig. Bedeutender ist es, die Aufmerksamkeit des Pferdes zu erlangen. Das Pferd soll mitdenken und bald sogar mitfühlen. Das verleiht ihm Sicherheit und die Möglichkeit, zu beobachten und dementsprechend zu reagieren.

Dieses Konzept lässt sich auf jedes Tier umstricken und anpassen. Es ist zwar detailliert in einzelnen Schritten beschrieben, aber nur um es besser zu verstehen und es leichter durchführen zu können. Es soll keinesfalls dogmatisch sein und dafür viel Freiraum für das eigene, sich entwickelnde Gefühl und die eigenen Erfahrungen, die man dabei macht, lassen. Immer wieder wird es nötig sein, innezuhalten, den Leistungsstand zu überprüfen, zu entscheiden, einen Schritt zurückzugehen, Dinge zu vertiefen, einen anderen Weg zu versuchen oder den nächsten Schritt zu wagen.

Eine Frage, die sich sicher jeder Ausbilder stellt, lautet: Wie lange soll ein junges Pferd täglich gearbeitet werden? Oder soll es überhaupt täglich gearbeitet werden? Wann arbeiten wir im Schritt und wann im Trab oder Jog?

Ich kann es in einem Satz sagen: »Hier gibt es keine Patentantworten«.

Wir müssen die Abschnitte und Lernschritte der Konzentrations- und Leistungsfähigkeit der jeweiligen Pferde anpassen. Meine Meinung dazu ist Folgende: Pferde lernen durch Wiederholung, aber die Häufigkeit der Wiederholungen muss sorgsam abgewogen werden. Meistens kommt nichts Gutes dabei heraus, wenn man während der Lernschritte immer noch höhere Anforderung stellt. Zum Schluss einer Arbeitseinheit verlange ich vom Pferd etwas, was es schon recht gut kann. Damit gebe ich ihm zum Schluss ein positives Gefühl.

Die Arbeitssequenz sollte sich anfangs auf dem Platz, oder wo immer man mit dem Pferd arbeitet, nicht länger als 20 Minuten hinziehen. Dafür kann man vielleicht zweimal am Tag mit ihm trainieren. Konzentriert sich das Pferd recht gut, steigere ich die Zeitspanne auf bis zu 30 und in Ausnahmefällen auch mal auf 40 Minuten. Die Ausbildungssequenzen später unter dem Sattel unterbreche ich immer durch Pausen am hingegebenen Zügel. Leckerchen für gute Leistungen sind selbstverständlich. Natürlich in Maßen und dem Pferdetyp angepasst. Aber in aller Regel erhalten kleine Leckerchen die Lust an der Arbeit. Überforderungen vermeide ich durch Spazierenreiten. Dort entspanne ich mich und vor allem hat auch das Pferd die Möglichkeit dazu. Ausritte sollten etwa ein Drittel der Aktivitäten der Woche ausmachen, aber auch erst dann, wenn das Pferd gut reguliert werden kann. Es muss anhalten, ruhig stehen bleiben, sowie mindestens die Hilfen zum Trab verstehen und Richtungsänderungen gut annehmen. Zunächst sollte man darauf verzichten, alleine auszureiten. Es ist ratsam, das Pferd zu Beginn als Handpferd mit ins Gelände zu nehmen. Ein erfahrenes und vor allem unerschrockenes Führpferd ist dabei sehr nützlich.

Am Anfang sollten die Ritte ins Gelände möglichst kurz gehalten werden, später darf man sie ausdehnen. Dann sind auch schon mal anderthalb Stunden drin, in denen natürlich ruhig

und überwiegend im Schritt geritten wird. Galopp steht zunächst nicht auf dem Plan. Freundliches Antesten ist für Erfahrungszwecke am Ende der ersten drei oder vier Monate sicher nützlich, aber kein Lehrinhalt und schon gar kein Muss.
Im Gelände lernt das Pferd die vielen erschreckenden Dinge dieser Welt kennen: Trecker, Autos, Planen oder Monster-Strohballen.
Zu Beginn der Ausbildung ist für das Pferd alles aufregend genug. Auf dem Reitplatz ist daher zunächst viel Ruhe angesagt. So programmieren wir alle Bewegungsabläufe im Schritt. Erst wenn das flüssig und ohne viel Aufwand geht, probieren wir die eine oder andere Übung im Trab. Ich habe die Erfahrung gemacht, dass manches sogar mit Schwung besser klappt und die gymnastische Wirkung größer ist.
Im Trab oder Jog sollte das Pferd zunächst sein Tempo selbst finden und gleich- und taktmäßig gehen. Ich verzichte auf das Leichttraben, da es das junge Pferd möglicherweise aus dem Gleichgewicht bringt.
Ein Versammeln zum Jog (langsamer Trab) erfordert Geschick und eine feine Hilfenabstimmung zwischen Hand und Schenkeln. Bietet mir das Pferd ein ruhiges Tempo an, bleibe ich dabei. Es vereinfacht das Aussitzen für den Reiter. Von einem »Vorwärtsknattern« halte ich nicht viel. Wer kann dabei schon aussitzen und ein hüpfender Reiter ist unangenehm, oder? Unsere oberste Regel lautet auch hier: Weniger ist mehr!

Bodenarbeit und Beziehungstraining

Wir müssen das Pferd auf uns Menschen als Störfaktor auf seinem Rücken vorbereiten. Von Anfang an dachten wir über ein Konzept nach, wie das Verhalten des Pferdes dem Menschen gegenüber sein sollte.
Der Mensch ist das »Alphatier« und entsprechend muss das Pferd das auch akzeptieren. Kein Reiten ohne Akzeptanz. Kein Überwinden von »gefährlichen« Hindernissen an der Hand ohne Vertrauen. Aber wie bauen wir dieses Vertrauen auf? Es gibt eine Reihe Möglichkeiten, dies zu erreichen. Ich habe meinen eigenen Stil entwickelt. Er zeichnet sich dadurch aus, dass er einfach gehalten und leicht nachvollziehbar ist. Kein Jagen durch den Roundpen oder Piccadero, dennoch wirkungsvoll – weil konsequent. Konsequenz im Umgang mit dem Pferd ist die erste und oberste Bedingung. Das, was ich gerne als Sekundengehorsam bezeichne, ist nichts anderes, als die unmittelbare Folgeleistung des Pferdes. Beim Führen bleibt das Pferd an der Schulter des Ausbilders. Es gibt kein Drängeln, kein Vorstürmen, kein Zurückbleiben und auf Wunsch des Ausbilders kann das Pferd auch abrupt angehalten werden.
Das intensive Beziehungstraining ist vor dem ersten Aufsitzen absolut wichtig. Denn ab diesem Zeitpunkt werden wir vom Pferd nicht mehr gesehen, sondern nur noch gespürt. Als

Onyx vertraut ohne Anspannung seiner konzentrierten »Führerin« Carmen.

ergänzende, schöne Möglichkeit zu frühen vertrauensbildenden Maßnahmen nehmen wir unseren Youngster an die Hand und spazieren mit ihm durch die Erlebniswelt. Auch das Handpferdreiten hat eine lange Tradition und eignet sich als Ausbildungselement für das junge Pferd. Mit einem verlässlichen Führpferd kann man es so an die aufregendsten Dinge gewöhnen. Auf diese Weise habe ich vor Jahren mein junges Quarter Horse *Genuine Doc Reed* auf Show-Veranstaltungen mitgeführt. Das hat seine Unerschrockenheit nur noch mehr gefördert und er wurde der geeignete Partner mit natürlichem Phlegma, um später Vorstellungen ohne Zaum und Zügel zu zeigen.

Das wirkliche Kennenlernen eines Pferdes erfolgt an der Hand. Hier stehen sich Pferd und Mensch Auge in Auge gegenüber. Es geht in diesem Stadium darum, eine gegenseitige Einschätzung zu erlangen, wobei das Pferd von uns überzeugt werden muss, dass uns zu folgen der richtige Weg ist. Dann lassen sich die unten aufgeführten Punkte leicht abhaken. Würde uns das junge, ungestüme Pferd lieber wegschieben und seine eigenen Wege gehen, dann müssen wir dringend dafür sorgen, dass wir seine Aufmerksamkeit erlangen. Das genau ist für mich Beziehungstraining.

Es ist also nicht nur das bloße Führen von Punkt A nach Punkt B. Wir kennen ja alle das geflügelte Wort: »Wer führt wen?« Erst wenn die Beziehung in Ordnung ist, können Lektionen, wie unten beschrieben, durchgeführt werden und auch gelingen.

Das Ziel der Bodenarbeit

- Das Pferd vertraut dem Führenden und akzeptiert ihn als »Alphatier«.
- Das Pferd lässt sich führen. Es stürmt werde vor noch muss man es hinter sich herziehen. Es bleibt auf Höhe der Schulter des Menschen.
- Das Pferd lässt sich konsequent anhalten, bleibt ruhig stehen und tritt auf leichte Signale rückwärts.

Das sind die absolut notwendigen Lektionen, die das Pferd können muss, bevor man das erste Mal aufsteigt. Aber man kann mit dem Pferd an der Hand auch einen Schritt weitergehen und beispielsweise die Lektion Schulterherein üben, ebenso das Pferd Hinterhandwendungen und die Übung Bergziege ausführen lassen. Wer Spaß an der Bodenarbeit hat, kann dem Pferd nach und nach auch

Gabriela Fechner und ihr Friesenwallach Wuschel strahlen Lebensfreude aus, vorausgegangen war die vertrauensvolle Arbeit an der Hand.

■ **Die wichtigsten Utensilien: Führkette und Führgerte.**

Zirkuslektionen wie den Spanischer Schritt oder das Kompliment beibringen.
Und wer ganz hoch hinaus will, kann an der Hand höhere Lektionen wie Piaffe, Passage und Levade vorbereiten. Bleiben wir aber erst einmal auf dem Teppich und schauen uns Basisübungen an.

Was brauchen wir an Hilfsmitteln, um die drei erst genannten Punkte zu erreichen und vielleicht das eine oder andere Hindernis im Gelände zu bewältigen?

Die Ausrüstung für die Bodenarbeit

Zur Grundausrüstung gehören ein Stallhalfter mit einem 1,50 m langen, festen Strick oder eine lange Führkette (Gliederlänge ca. 70 cm mit festem Strick) sowie Handschuhe und ausreichend Leckerlis. Leckerlis können – im richtigen Moment eingesetzt (das ist die Kunst dabei) – die Arbeit schon versüßen, aber Vorsicht, sonst hängt die Pferdenase mehr in der Tasche und aus ist es mit dem Respekt vor dem »Alphatier«.
Empfehlenswert ist eine mindestens 1,20 m lange, weiße Gerte, die gut von dem Pferd wahrgenommen werden kann. Weiß hat auf Pferde eine ähnliche Signalwirkung wie auf uns Menschen die Farbe Rot. Für eine präzise Wirkung sollte sie nicht zu weich sein.
Irgendwann führen wir das Pferd ausschließlich mit unserem Körper und brauchen weder Strick noch Kette, aber am Anfang auf dem Weg dahin ist es ratsam, die etwas wirkungsvollere Führkette über die empfindliche Nase zu legen, um einmal deutlich machen zu können, dass der Führende nicht überlaufen werden darf und ernst zu nehmen ist.

■ Einbau der Kette – von außen nach innen, von oben nach unten ...

■ ... von innen nach außen – nach oben in den oberen Halfterring.

Deutlich ist das Kauen von Onyx zu beobachten.

Um aber Missverständnissen vorzubeugen: Das kommt nur im Notfall vor, wenn die Beziehung gar nicht stimmt. In der Regel sollte die Kette nicht angefasst werden, um Strafmaßnahmen einzuleiten. Das Ziel ist es (wie immer) sanfter zu werden und »abzurüsten«.

Wenn wir die Kette wie auf dem Foto dem Pferd um die Nase legen, kann nichts verrutschen und präzise durch leichtes Zupfen gearbeitet werden. Es spürt den Druck auf Nase und Genick und sollte dem Druck dann nachgeben. Der sanfte Druck in Bodenrichtung lässt sofort nach, wenn das Pferd den Kopf senkt und ein wenig nachgibt. Das Pferd soll sich vorwärts und abwärts entspannen. Während der Arbeit werden wir in kurzen Pausen immer wieder beobachten, wie das Pferd zu kauen beginnt und damit sein Überlegen, Verstehen und Entspannen zum Ausdruck bringt. Zwischen den einzelnen Übungsschritten wie Anhalten, Rückwärtstreten und Aktionskombinationen empfehlen wir sogar, kurze Reflexionspausen für das Pferd einzubauen. Aber Vorsicht, selbst wenn Sie nur sanften Druck ausüben, denn Druck erzeugt bekanntlich Gegendruck. Nicht jedes

Pferd reagiert sofort wie gewünscht. Bei manchen klappt es in der Bewegung besser, bei anderen geht es zunächst nur im Stand. Probieren Sie es immer wieder mit sanfter Hand. Zerren Sie niemals den Kopf nach unten, solche brutalen Aktionen haben fatale Folgen. Viele Pferde verhalten sich ruhig und wenn sie nicht den Kopf hochreißen, können wir selbstverständlich auch auf den sanften Druck verzichten. Das Senken des Kopfes sollte nicht erzwungen werden. Oft ergibt es sich aus der Arbeit von allein.

Das Führen des Pferdes an Strick oder Kette

Das Pferd soll sich unserem Tempo anpassen und nicht umgekehrt. Es soll dabei in Höhe unserer Schulter bleiben. Wir können dabei den Gertenknauf in einiger Entfernung etwa in Brust- oder Kopfhöhe vor dem Pferd halten. Dies ist eine ideale Position, die uns erlaubt, das Pferd schnell, aber ohne Hektik anzuhalten. So sind wir auch in der Lage, gegebenenfalls den »Kickstart« unseres sonst so braven Tieres zu verhindern und brau-

Sogar im Gleichschritt treten Carmen und ihr Partbredaraber Onyx nach einiger Übung an.

■ Ein harmonisches Bild: Konsequent, aber gelassen, bleibt das Pferd an der Schulter.

■ Nach deutlicher Sprache mit der Gerte bleibt Onyx stehen.

Noch weicht Onyx nicht rückwärts. Carmen muss energischer werden.

Ohne Aufregung weicht Onyx nun zurück.

chen nicht das Gefühl zu erleben, hilflos wie ein Fähnchen im Wind am Ende des Strickes zu flattern. (Allgemein gilt: Wir werfen uns nicht hektisch vor das Pferd, sondern positionieren uns mit einem großen Schritt seitlich.)
Konkret sollte das Auge des Pferdes neben unserer Schulter oder ein Hauch davor zu sehen sein. Auf diese Führposition soll das Pferd zunächst »geeicht« werden, für beide, sowohl für den Führenden als auch für den Geführten, ist das eine erhebliche Konzentrationsarbeit.
Eine Möglichkeit, um die Aufmerksamkeit des Pferdes zu erhalten, ist das Tempo zu variieren. Führen wir mit der rechten Hand, was jeder Rechtshänder für gewöhnlich tut, halten wir die Gerte in der linken Hand waagerecht und abgespreizt zum Körper. Wir können sie als treibende Hilfe verwenden, in dem wir durch eine leichte Körperdrehung das Pferd weiter treibend antippen. Mit der Gerte als sichtbares Signal können wir das Pferd ebenso nach vorne begrenzen und dabei auch selbst langsamer gehen. (Das Gehen im Zeitlupentempo ist hier durchaus möglich.) Das Verlangsamen des Tempos wird von uns als »Abwinken« bezeichnet.
Gleichgültig welches Tempo wir angeben, das Pferd soll, ohne dass an der Kette gezogen wird, auf die Bewegung bzw. Position unserer Schulter fixiert sein.

Das Antreten

Das ist eine Kombination aus der Bewegung unseres Körpers nach vorne und dem Zurücknehmen der Gerte in Richtung der Flanke des Pferdes. (Durch dieses Zurücknehmen bewegt sich unsere Schulter ohnehin nach vorne.) Dies ist auffällig auszuführen! Am besten, indem die lange, waagerecht gehaltene Gerte vom Körper abgespreizt wird. Wir sollten darauf achten, dass unser Gang aufrecht und bestimmt wirkt. Das heißt aber nicht eilig und hektisch.

Das Anhalten

Wir bleiben mit einer leichten Körperdrehung zum Pferd hin stehen. Wir können das durch den Zischlaut »Psst« einleiten und dabei zum besseren Verständnis für das Pferd am Strick zupfen. Wenn das Pferd die Schulter als Begrenzung noch nicht anerkennt, müssen wir schon am Anfang etwas massivere und deutlichere Signale geben. Ranghöhere Tiere lassen ihre Artgenossen zurückweichen. Genau so machen wir das auch.

Wenn alles nicht hilft – dann eben so: Affentanz

Apropos Zurückweichen und Dominanz

Für das erste Üben mit völligen »Grünlingen« gilt: Respekt verschaffen, klar – aber wie?

Gehen Sie auf das Pferd zu und tippen Sie den Knauf der Gerte vor die Brust des Pferdes. Bei mangelhafter Reaktion wird dieses Signal bis hin zum regelrechten »Affentanz« vor dem Pferd verstärkt.

Das lässt fast jedes Pferd zurückweichen. Klappt das, wird alles wieder auf den »Eichpunkt« Schulter zurückgefahren.

Bei jedem Anhalten soll das Pferd automatisch einen Schritt zurücktreten, denn durch unsere Hinwendung läuft das Pferd zwangsläufig etwas an unserer Schulter vorbei. Das darf nicht sein! Das Pferd soll ja den Individualabstand einhalten. Wichtig ist, dass wir stehenbleiben und nicht weiter auf das Pferd zugehen, sonst würde es immer weiter zurückweichen.

Bei diesen ersten Aktionen wird der Grundstein für ein vertrauensvolles Verhältnis zwischen Pferd und Mensch gelegt und zudem die Dominanzfrage geklärt. Gelingt das nicht, werden wir es schwer haben. Um das zu verhindern, muss daran gearbeitet und das Beziehungstrainings so lange fortgeführt werden, bis der gewünschte Erfolg eintritt. Deswegen noch einmal hier die Vorgehensweise zum Üben des Rückwärtstretens.

Das Rückwärtstreten

Das Rückwärtstreten ist kein bloßes Zurückdrücken des Pferdes, sondern ist eine psychologische Schlüssellektion, bei der uns das Pferd seine Mitarbeit und Aufmerksamkeit demonstriert. Wir treten auf das Pferd zu. Unsere Schulter kommt näher und verringert unseren Individualabstand. Als Individualabstand bezeichne ich einen imaginären Kreis um die Person, die das Pferd führt, von vielleicht einem Meter Durchmesser. In der Natur bestimmt das ranghöhere Pferd den gewünschten Abstand, der durchaus variieren kann. In extremen Fällen kann dies über Hunderte von Metern reichen. Es hat dann schon den Charakter des Jagens auf Distanz. Ein Wink mit dem Kopf genügt. Nach Erreichen der höheren Rangstufe erlaubt das Tier wieder mehr Nähe und der Abstand von bis zu Null wird zeitweise toleriert.

Diese individuelle Zone sollte das Pferd nicht betreten. So bleibt ihm nichts anderes übrig, als zurückzuweichen. Das Pferd wird das unter Umständen nicht gerne tun, vor allen Dingen, wenn die Rangordnung zwischen Mensch und Tier noch nicht so ganz geklärt ist.

Massives und konzentriertes Auftreten ist ganz wichtig. Wir müssen uns groß machen, dabei am Strick zupfen oder besser noch die Gerte gegen die Brust des Pferdes zeigen lassen. Hilfreich kann hier auch die Stimme sein. Diese Übung muss wiederholt werden, bis das Pferd willig und auf Andeutungen hin dem Führenden folgt. Erst muss es ja verstehen, was wir von ihm wollen. Und es muss die Einsicht haben, dass wir so kluge und weise Menschen sind, die mit Bedacht, Ruhe und Konsequenz führen, dass es sich lohnt, uns zu folgen.

Klappt diese Art des Führens im Schritt und im langsamen Trab (Jog), ohne nebenher zu rennen, sondern lediglich flott zu gehen und ohne Flucht des Pferdes, ist die Beziehung zwischen Pferd und Mensch hergestellt. Wir können nun auf dem Vertrauen des Pferdes aufbauen und uns auch Hindernissen und Herausforderungen außerhalb der sicheren Begrenzungen des Platzes oder der Halle stellen.

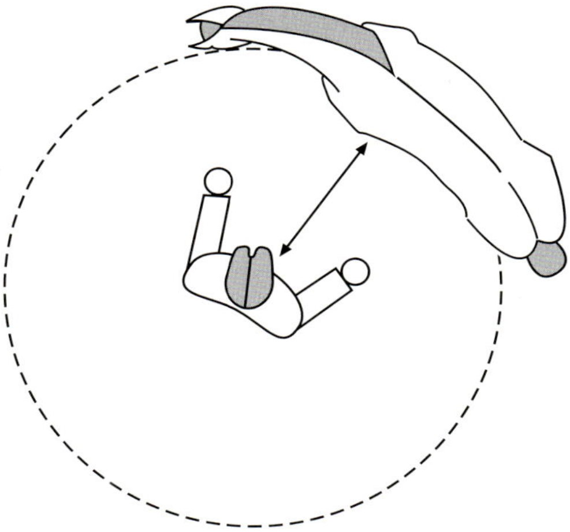

■ **Unser Individualabstand sollte zwischen einem halben und einem ganzen Meter liegen.**

Gemeinsam Hindernisse bewältigen

Zu den vorbereitenden Übungen zähle ich auch das Überwinden von Hindernissen. Wenn wir uns intensiv mit dem Jungpferd beschäftigt haben, kann uns kein noch so schwieriges Hindernis den Weg versperren. Vertrauen und Neugier heißen hier die Zauberworte. Nachdem wir unser Pferd nach dem Bodenarbeits- und Beziehungsprogramm geschult haben, sollte es nun Folgendes können:

- Es sollte sich führen lassen, ohne vorzustürmen oder sich hinterherziehen zu lassen.
- Es sollte sich konsequent anhalten lassen und ruhig stehen bleiben und auf leichte Signale rückwärts treten.
- Es sollte furchtlos Hindernisse überqueren oder durchschreiten.

Zum Überprüfen der Verständigung zwischen Ausbilder und Pferd seien exemplarisch zwei Übungen gezeigt: Das Überwinden einer »frosch-pampigen« Wasserfurt und das Treppensteigen.

Hier sind Geschicklichkeit gepaart mit Intelligenz und Aufmerksamkeit sowie auch Vertrauen zum führenden Menschen gefragt. Eine dunkle, übel riechende Wasserstelle im Wald kann einem Pferd schon Angst machen, es weiß ja nicht, wie tief sie ist und sein Instinkt sagt ihm: Vorsicht! Ebenso sind für Pferde Treppen kein alltägliches Hindernis. Bei diesen kleinen Prüfungen müssen wir uns Zeit lassen. Das Pferd soll schauen, verstehen und ohne Angst und mit Vorsicht folgen. Geben wir ihm doch die Chance, mit der Nase nach unten zu gehen, um sich einen Eindruck der Situation zu verschaffen. Wir wollen es zur Selbstständigkeit erziehen und Vertrauen aufbauen.

Am besten schulen wir seine Selbstständigkeit, indem wir seine Konzentration erstens auf uns und zweitens auf das Problem lenken. In der Bildsequenz ist dies deutlich zu sehen. In unserer Reitweise sind Ideen gefragt, keine Vorschriften. Und bereits hier sollte sich der Satz bewahrheiten: Nicht der Reiter soll arbeiten, sondern das Pferd!

■ An dieser Froschpampe könnte so manches Pferd scheitern. Onyx demonstriert ein enormes Vertrauen.

■ Er verschafft sich einen Eindruck von der Tiefe und Entfernung, ohne dass Carmen selbst nass Füße bekommen muss.

■ Die Ohren auf das Ziel gerichtet, macht er gelassen den großen Schritt.

Viel Mut erfordert dieses nicht alltägliche Hindernis. Die Vertrauensperson geht aus Sicherheitsgründen seitlich vor.

Treppe rauf ... Treppe runter folgt Onyx ohne Hast oder Sprung.

Das Schulterherein

Insbesondere die Lektion Schulterherein möchte ich an dieser Stelle erklären, da sie in der Phase des Anreitens die Elastizität und das Gleichgewicht des jungen Pferdes fördert. Da wir auf das Longieren verzichten wollen, erweitert es die Palette der Vorbereitung auf andere Weise und kann somit zum Aufwärmen, Abreagieren und auch zur Abwechslung dienen. Für Pferde, die umgestellt werden sollen oder die es zu korrigieren gilt, wird es am Anfang zum Denksport. Das Pferd geht dabei erstmals seitwärts und soll mit den Vorder- und Hintergliedmaßen übertreten. Das fördert die Gymnastizierung und fordert vom Pferd, dass es nachdenkt. Nun soll es den Zusammenhang zwischen seitwärts treibender Gerte und »seinen Führer nicht umrennen« verstehen. Das Letztere haben wir ja bereits geübt. Wir erinnern uns an den Individualabstand. Die seitwärts treibende Gerte wird später unter dem Sattel durch Schenkel und Sporen ersetzt. Wichtig zu erwähnen ist, dass wir mit seitlichem Kreuzen der Beine unter dem Sattel erst viel später bei genügender Biegefähigkeit beginnen. Zuerst steht für eine längere Zeit das Schultervor auf dem Übungsprogramm. Zum Verständnis: Schultervor ist eine gebogene Schultereinstellung mit sehr geringer Abstellung. Das ist der Winkel, den das Pferd zum Hufschlag bildet. Da wir hier nur Schulterherein an der Hand gehen, verweise ich zur genaueren Erklärung des Schultervor auf die nachfolgenden Kapitel unter dem Sattel. Nur beim Schultervor kreuzt das Pferd noch nicht die Beine, sondern tritt lediglich vermehrt unter den Körper. Wir wollen verhindern, dass das Pferd hinten ausweicht und sich dann doch wieder gerade stellt. Es beginnt sozusagen zu »schwimmen«. Junge Pferde sind ja meist noch nicht ausbalanciert. Dann hätten wir ein Problem. An der Hand geübt und ohne Reitergewicht ist das aber nicht der Fall.

Welche Vorteile hat das Schulterherein an der Hand?

Das Pferd ist gestellt und gebogen wie bei einer Volte. Außen also gedehnt, innen entspannt.

Insbesondere die Halsmuskulatur entspannt sich nach einigem Üben leichter. Da wir das Nachgeben mit dem Kopf auch schon geübt haben, bietet es sich hier an, vermehrt darauf zu achten.

Die innere Schulter wird gymnastiziert. Auf der inneren, also hohl gebogenen Seite hat das Bein den weiteren Weg, da es seitwärts über das äußere Bein kreuzen muss. Das können wir uns in seiner Wirkung etwa wie das Armkreisen eines Menschen vorstellen.

Ein weiteres Merkmal ist das seitwärts kreuzende innere Hinterbein. Wählt man einen Winkel zum Hufschlag von etwa 30 bis maximal 45 Grad, so wird dieses Bein weiter nach vorne unter den Schwerpunkt »geholt«. Ein vermehrtes Untertreten und Anwinkeln der Hinterbeine wollen wir erreichen.

Carmen führt Onyx im Schulterherein an der Hand. Es ist gut zu sehen, wie er auf zwei Hufschlägen mit den Beinen kreuzt.

Biegen und Beugen führt letztlich zu vermehrter Versammlungsfähigkeit. Stärkt daneben auch noch die Rückenmuskulatur, die Bauchmuskeln und damit die Tragfähigkeit des Pferdes. Das Übertreten zur Seite ähnelt in seiner gymnastischen Wirkung einem menschlichen Spagat, ebenfalls Gymnastik pur.
Dass dies unter dem Sattel im ersten halben Jahr, vielleicht sogar im ersten Jahr, eine Überforderung darstellen würde, können wir uns leicht vorstellen.
Es soll noch erwähnt werden, dass man durchaus nach einiger Zeit das Pferd auch auf gebogenen Linien Schulterherein gehen lassen kann, zum Beispiel auf dem Zirkel. Das hat den Vorteil, dass das Pferd bei dieser Lektion noch ein wenig vorwärts gehen kann und nicht nur seitwärts wie am Hufschlag. Dazu muss die Person, die das Pferd führt, geübt sein. Für das Pferd ist es aber leichter zu verstehen und durchzuführen. Wichtig ist beim Schulterherein, dass die Hinterhand den größeren Weg beschreibt, was wiederum der Förderung bzw. Aktivierung der Hinterhand dient.

Wie bringen wir es dem Pferd bei?
Zunächst führen wir das Pferd im Schritt am Hufschlag entlang. Während des Führens wechseln wir Gerte und Führkette bzw. Führstrick jeweils in die andere Hand. Zudem wenden wir unseren Oberkörper leicht dem Pferdekopf zu. Bis dahin ist alles ganz einfach. Jetzt allerdings müssen wir das Pferd abstellen, so als wollten wir eine Volte machen. Die Vorderbeine befinden sich auf dem zweiten Hufschlag, die Hinterbeine auf dem ersten. Wir bremsen das Pferd mit unserem Körper vor seinem Kopf. Die Gerte wird etwa in Flankenhöhe waagerecht gehalten und touchiert, bis das Pferd seitwärts zu gehen beginnt. Dann allerdings kann es sein, dass es doch stärker nach vorne drängt. Wir zupfen darauf impulsartig an der Kette nach hinten unten, so als sollte das Pferd rückwärts gehen. Es soll nicht veranlasst werden, den Kopf hochzureißen, sondern eher nach unten nachzugeben und den Rücken aufzuwölben. Der Druck ist sofort zu vermindern, sobald es willig folgt. Die Impulse werden zu zarteren Ermahnungen reduziert. Das Seitwärtstouchieren ist baldmöglichst zu vermindern. Es sollte genügen, die Gerte nur in entsprechender Position zu halten. Leichte Vibrationen oder Auf- und Abbewegungen können denselben auffordernden Zweck erfüllen.
Wollen wir anhalten, führen wir einfach das Pferd während der Bewegung zum Hufschlag zurück und lassen es dann erst stehen. Damit wird ein seitliches Abdrehen der Hinterhand verhindert. Erst später kann auch im Seitengang angehalten werden. Eine Übung für Fortgeschrittene, da das Pferd in der Balance stehenbleiben muss.

Probleme beim Erlernen
1. Das Pferd drängt den Führenden stark weg. Es ist durch die neue

Art, wie es geführt wird, irritiert. Dann führen wir es wie bisher, ohne uns zu ihm umzudrehen, touchieren es mit etwas Geschick mit der Gerte von außen an den Hinterbeinen und führen es gleichzeitig in die richtige Abstellung zum Hufschlag. Nachdem das verstanden wurde, kann bald die reguläre Variante probiert werden.

2. Das Pferd will ungern seitwärts gehen. Dann vergrößern wir a) den Winkel zum Hufschlag, damit es erst einmal versteht, was wir von ihm wollen und b) gehen nicht mehr vor dem Kopf des Pferdes, sondern lassen uns etwas in der Bewegung zurückfallen und treiben vermehrt an der Innenseite (Bauchseite) des Pferdes.

Wir merken uns:

- *Vermehrtes Seitwärtstreiben verlangt ein Zurückfallenlassen Richtung Pferdebauch.*
- *Stärkeres Begrenzen erreichen wir durch unseren eigenen Körper vor dem Kopf.*
- *Die ideale Stellung zum Pferd variiert dazwischen, je nach Pferdetyp.*

Vorbereitung auf das Anreiten am Boden: Das Kleeblatt

Dieser Übung sollten allgemeine Bodenarbeitsübungen vorausgegangen sein. Das Pferd kennt Spaziergänge in der freien Natur, ist daran gewöhnt, als Handpferd mitgenommen zu werden und auch bereits mit dem Sattel vertraut. Jetzt gilt es, die ersten Figuren mit ihm auf dem Platz auszuführen. Dabei trägt das Pferd seinen Sattel, wir sitzen aber noch nicht auf. Die ausführliche Vorbereitung, um das Pferd an sein Leben als Reitpferd zu gewöhnen, zahlt sich jetzt aus. Noch wird es begleitet, um dann recht bald als gerittenes Pferd entlassen zu werden. Wir zeigen dem Pferd mit Halfter und Führstrick ausgerüstet das Kleeblatt-Muster. Dazu werden vier Pylonen so aufgestellt, dass sie die Ecken eines Quadrats bilden. Umlaufen wir diese in Form von Volten, entsteht so ein vierblättriges Kleeblatt.
Dabei führen wir das Pferd von der rechten Seite aus, wenn es rechtsherum gehen soll, und von der linken, wenn es linksherum gehen soll.
Entsprechend seiner vorherigen Ausbildung nehmen wir die geeignete Führposition ein. Das bedeutet, dass wir uns entweder in Kopf- oder in Schulterhöhe befinden.
Wichtig ist, dass das Pferd aufgrund unserer Hilfen lernt, Links- und Rechtsvolten zu unterscheiden. Wir stellen den Kopf des Pferdes nach rechts und es soll dann seiner Nase folgen. Der Strick auf der rechten Seite zeigt dem Pferd: Rechts ist aktiv!

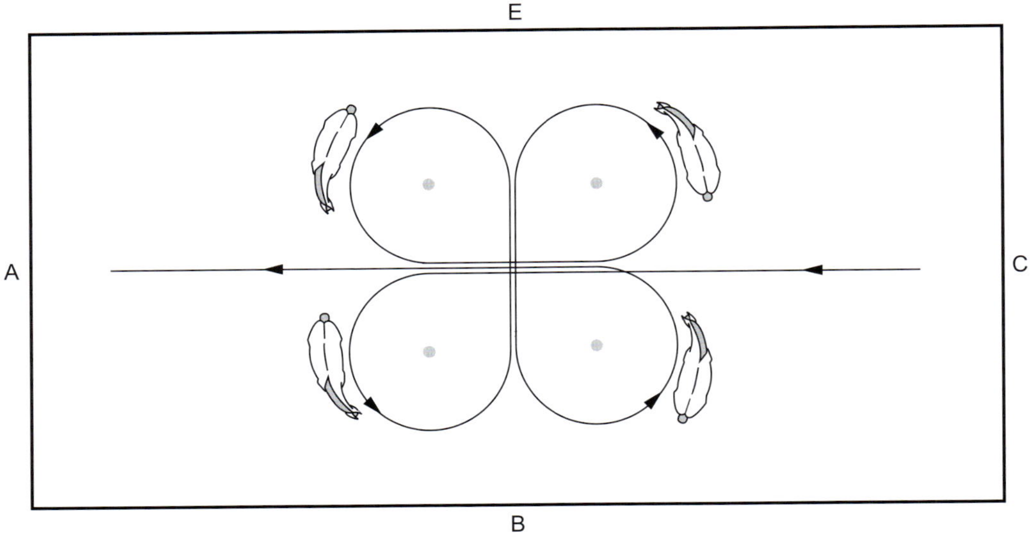

■ **Kleeblatt mit Linksvolten durch den Mittelpunkt.**

Aus diesem Grund geht es dann rechts herum. Ein zweiter Zügel »sprich Strick« fehlt auf der Außenseite. Später versteht das Pferd den jeweils höher gehaltenen Zügel als den richtungsweisenden. Dieser Führstrick ist also gleich bedeutend mit dem späteren Führzügel.

So sieht das dann im Sattel aus: Zum Linksabbiegen wird zum Beispiel der aktive, linke Zügel ca. ein bis zwei Handbreit entfernt in Höhe des Widerrists gehalten, der rechte Zügel hängt durch und wird fast bedeutungslos an die Schulter des Pferdes angelegt, so als ob er gar nicht vorhanden wäre. Das Pferd versteht nun, dass es links herum gehen soll.

Aber soweit sind wir noch nicht, bleiben wir vorerst auf dem Boden. Dort wird also das Verständnis für spätere Zügelhilfen gelegt.

Zuerst führen wir ausschließlich Links- oder Rechtsvolten um die Pylonen im Kleeblatt-Muster durch. Das Kleeblatt kann dann erweitert werden, indem wir die Richtung ändern und Wechselvolten einbauen.

Bei dieser Variante muss nach jeder Volte die Hand gewechselt werden. Beim Handwechsel springt man nicht einfach vor dem Pferd herum, denn dadurch würde man es nur irritieren. Wir halten es in der Mitte zwischen den vier Pylonen, dem Punkt X, an und ändern dann unsere Führseite. Sobald wir auf der anderen Seite stehen, gehen wir weiter. Dieses hat noch den angenehmen Nebeneffekt, dass das konsequente

Führen auf dem Kleeblatt.

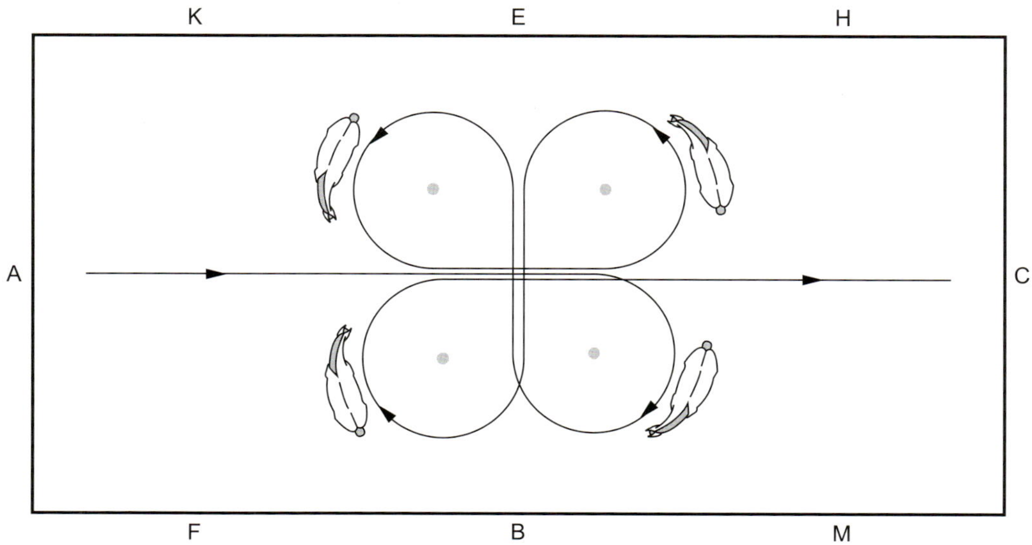

Kleeblatt mit Wechselvolten durch den Mittelpunkt X.

Auch das Führen von außen wird nach vergangener Arbeit möglich. Gewöhnung an Sattel und Zäumung erfolgt nebenbei.

Anhalten und Verharren (Gehorsamsübung, die mit Ruhe auszuführen ist) immer wieder geübt wird.

Zum Anhalten benutzen wir, wie später, wenn wir auf dem Pferd sitzen, den Zischlaut »Psst«. Es ist ein sehr effektiver Laut, den Pferde selbst durch den schlimmsten Sturm hören können. Das Führen von Wechselvolten im Kleeblatt ermöglicht uns, dem Pferd einen ständig wechselnden »aktiven Zügel« zu präsentieren.

Dabei üben wir möglichst keinen Zwang aus, um dem Pferd spielerisch den Sinn dieser Übung zu vermitteln. Sollte unser Schüler also selbstständig und relativ unvermittelt einen »eigenen« Handwechsel vornehmen, so werden wir es nicht strafen, sondern möglichst schnell reagieren und die entsprechende Führseite einnehmen (Anhalten – Wechsel der Führseite). Dabei ist es wichtig zu unterscheiden, ob unser Pferd uns nicht versteht oder nicht verstehen will. Denn mit zunehmender Ausbildung werden wir ein Pferd, das uns nicht verstehen will, dazu auffordern, das zu tun, was wir uns vorstellen. Ein Davonlaufen sollte dann mit einem konsequenten Anhalten »geahndet« werden, um daraufhin die Übung in zuerst beabsichtigter

Weise fortzusetzen. Pferde sind Gewohnheitstiere. Bei dieser Übung kann man das Pferd zwischendurch zum Beispiel 1–2 Schritte Rückwärtstreten lassen. Durch ständiges Lob wird gegenseitiges Verständnis aufgebaut. Pferd und Mensch kommen sich näher und lernen sich kennen, was durch eintöniges Longieren beispielsweise niemals erreicht werden könnte. Es ist wie ein Spiel mit variablen Spielregeln. Wir sind die Spielführer und bestimmen, was gerade gespielt wird. Das Pferd lernt zu verstehen, zu akzeptieren und zu folgen. Dazu sollte diese Übung mindestens über ca. 4–5 Unterrichtsstunden fortgeführt werden, wobei natürlich auch »Unterrichtsstunden« dabei sein können, welche nur 15–20 Minuten dauern, vor allem, wenn unsere Schüler sich sehr willig und gelehrig zeigen. Das Training sollte immer positiv abgeschlossen werden.

Während dieser Zeit wird vom Stallhalfter und Führstrick zur Trense gewechselt. Dem Pferd wird eine Wassertrense bzw. ein Snaffle-Bit eingeschnallt. Anstelle des Snaffle-Bits könnte man auch ein Sidepull einsetzen. Es ist dem Stallhalfter ähnlich, aber wesentlich effektiver. So wird das Pferdemaul geschont und sensibel erhalten. Allerdings bevorzuge ich eine Trense, da sie auch in schwierigen Situationen mehr Sicherheit bietet.

Besonders geeignet für diese Arbeit sind Split Reins (geteilte Zügel). Der jeweils äußere Zügel kann in dieser Phase vernachlässigt werden und bleibt locker und fast durchhängend an der Schulter liegen.

Wichtiges im Überblick

- *Unser junges Pferd begreift den Unterschied zwischen Rechts- und Linksstellung, folgt dem aktiven inneren Zügel.*
- *Konsequentes Anhalten und Rückwärtstreten gehören in diese ersten Ausbildungsstunden.*
- *Eine Person, möglichst die Person des Vertrauens, führt das Pferd durch das Kleeblatt.*

Wichtig ist, dass man an den Zügeln nicht zieht, sondern lediglich zupft und dem Pferd so den Weg zeigt. Es sollten viele Variationen in die Übung eingebaut werden. Obwohl ein Pferd durch Wiederholung und Wiedererkennen eines Musters oder einer Lektion lernt, ist nichts langweiliger, als immer das Gleiche zu tun.

Handpferdreiten – Vorbereitung auf das Reiten im Gelände

Unser zukünftiges Reitpferd soll nicht nur optimal gymnastiziert sein, um uns gut tragen zu können, sondern ein Freizeitpartner, mit dem wir gemeinsam durch dick und dünn gehen. Einer der schönsten Aspekte der Freizeitreiterei ist das Durchstreifen der Natur gemeinsam mit dem Pferd. Um das richtig genießen zu können, müssen wir uns auf unseren Partner verlassen können. Dazu sollten wir unserem Pferd schon früh die Welt außerhalb seiner gewohnten Umgebung zeigen, damit es nicht eines Tages wie versteinert vor einem Trecker steht oder Kühe für Wesen von einem anderen Stern hält. Spazieren gehen ist ein Weg, um alle diese Dinge kennen zu lernen. Eine praktische Art das Ziel zu erreichen, ist das Handpferdreiten. Pferde als Handpferde mitzuführen hat eine sehr lange Tradition und wurde und wird zum Beispiel in Island zur Ausbildung von jungen Pferden genutzt. Das junge Pferd lernt Wälder, Wiesen, Seen und gegebenenfalls auch den Straßenverkehr kennen und wird so mit allen möglichen Situationen konfrontiert. Dabei ist ein älteres und erfahrenes Führpferd, dem es vertrauen kann, an seiner Seite. Durch das freie Laufen hat es zudem die Möglichkeit, sein Gleichgewicht zu finden. Oft fördert das Laufen neben einem Artgenossen den Vorwärtsdrang der Pferde, die man als eher »laufunlustigen« bezeichnen kann.

Unbedingte Voraussetzung für diese Art der Ausbildung ist ein gut ausgebildetes Reitpferd, bzw. Führpferd. Es sollte ein gelassenes Tier sein, das sich nicht aus der Ruhe bringen lässt, auch wenn der junge »Kumpel« einen falsch herum gewachsenen Grashalm als arge Bedrohung empfindet. Das

Ein Foto aus vergangener Zeit – Trio »Hartmut, Velvet und Genuine« im Dreiklang.

Reitpferd (Führpferd) soll gut kontrollierbar, rittig und einhändig zu reiten sein. Es muss sich jederzeit dem lernenden Pferd anpassen können, denn umgekehrt ist meist zu Beginn ein Bisschen viel verlangt.

Das Handpferd sollte vorab durch Bodenarbeit und Dominanz-Training vorbereitet sein. Dazu gehört, dass das Pferd auf leichte Hinweise antritt, vorwärts geht, anhält und rückwärts tritt. Optimal ist es, wenn Reit- und Handpferd vom Typ und Temperament zueinander passen.

Als Ausrüstung empfiehlt sich ein Halfter und eine ausreichend lange Führkette. Auch Führstricke können benutzt werden. Sicherer ist jedoch die Führkette, die man fachmännisch befestigt, so dass sich das Halfter nicht in das Auge zieht, und sie beidseitig verwenden werden kann. Die Einwirkung ist mit der Führkette gezielter möglich. Der Reiter sollte unbedingt Handschuhe tragen, denn ein durchflitschender Strick kann böse Brandwunden verursachen.

Zur Gewöhnung sollten wir anfangs einen umfriedeten Platz aufsuchen, wie den Reitplatz oder die Reithalle, bevor wir die weite Welt erkunden. Auf dem Platz können wir zur Gymnastizierung das Pferd auf beiden Seiten gehen lassen. Im Straßenverkehr ist es sinnvoll, das Handpferd auf der rechten Seite zu führen.

Besonders wichtig:

Das Reitpferd soll sich nach dem Handpferd richten. Das heißt das Handpferd muss zum Beispiel beim Antreten den ersten Schritt tun und sollte dann immer leicht vorgehen. Das hat den Vorteil, dass man das junge Tier nicht laufend korrigieren oder es gar hinter sich herzerren muss. Es ist auch sicherer, wenn das Reitpferd dem nach hinten oder zur Seite ausbrechenden Handpferd folgt. Allzu leicht kann man sonst zwischen die Fronten geraten, wenn man die Einwirkung auf das Handpferd verliert. Der Führstrick sollte immer leicht durchhängen.

Carmen Lux ist die Vertrauensperson für Onyx. Gelassen trägt er den Reiter im Sattel.

Die Basis – die ersten Schritte im Sattel

Einfache Übungen und Muster

Gewöhnung an Sattel und Gebiss

Wie werden junge Pferde an den Sattel gewöhnt? Wie mache ich ihnen das Mundstück schmackhaft oder wer sollte zuerst aufsteigen? Mal ganz ehrlich, dafür muss der Ausbilder ein eigenes Gespür haben, sonst ist er sicher die falsche Adresse für diese Arbeit. Man kann das Pferd bereits an der Hand zum Beispiel auf dem Platz oder im Gelände an Sattel und Gebiss gewöhnen. Das erste Aufsteigen darf auf es keinesfalls wie ein Überfall wirken. Man sollte dabei immer zu zweit sein.

Die Erstbesteigung.

Nun geht es endgültig in den Sattel. Das Pferd akzeptiert den Menschen als »Alphatier«, hat Vertrauen zu ihm gefasst und lässt sich mühelos führen und anhalten. Es ist daran gewöhnt, nur vom Reiter gelenkt zu werden. Ein Begleiter, der neben ihm herläuft, ist nicht mehr nötig.

Nun dürfen wir anfangs nicht zu viel erwarten. Unsere Aufgabe ist es, das Pferd daran zu gewöhnen, regelmäßig eine kurze Zeit geritten zu werden. Das Pferd muss zuerst sein Gleichgewicht finden, aber auch in der Lage sein, ruhig stehen zu bleiben. Dann ist die Zeit für einfache Übungen gekommen. Für den Anfang unter dem Sattel bieten sich zunächst einfache und doppelte Schlangenlinien an, denn jungen Pferden fallen ganze Volten beispielsweise deutlich schwerer. Das Geradeausgehen über längere Strecken klappt am besten, wenn wir auf dem ersten Hufschlag reiten und die Bande zur Anlehnung nutzen.

Wir arbeiten am losen Zügel im Schritt. Lose Zügel bedeuten aber nicht, dass sie über den Boden schleifen. Sie sollten so lang sein, dass sie nicht anstehen, aber so kurz, dass man jederzeit die »Notbremse« ziehen kann.

Nach dem Aufsteigen lassen wir das Pferd ruhig stehen, um dann ein paar Runden, sowohl rechts- als auch linksherum auf dem Hufschlag zu reiten. Noch erlauben wir dem Pferd, dass es die Ecken stark abkürzt. Es wäre jetzt nicht sinnvoll, sich auf ein korrektes Durchreiten der Ecken zu konzentrieren und es nur deshalb auf einen Machtkampf ankommen zu lassen.

Eins merken wir aber schnell: Es wird langweilig, immer auf dem Hufschlag zu reiten. Wir verlassen also die »sichere Spur« und benutzen das Reitplatzinnere. Jetzt stellt sich schnell heraus, dass es schwierig ist, ohne eine Möglichkeit zur Anlehnung geradeaus zu reiten.

Für das Pferd ist es ohnehin schwierig, sein Gleichgewicht zu halten. Es schwankt möglicherweise etwas hin und her. Folglich müssten wir es laufend korrigieren und würden es so nur irritieren. Nun machen wir aus dieser Not eine Tugend: Wir reiten nur kurze Zeit geradeaus und wechseln häufig die Richtung.

Eine Lösung für das Problem finden wir in François Robichon de la Guérinières Werk »Reitkunst oder Gründliche Anweisung« erwähnt (Originalwerk von 1733 *Ecole de Cavalerie*).

Häufige Richtungswechsel kann man in Form wiederkehrender Muster ausführen. Dabei machen wir uns das »fotografische« Gedächtnis unseres Pferdes zu Nutze. Der Phantasie sind dabei wenig Grenzen gesetzt. Wichtig ist es, die Muster zu markieren, um das Gedächtnis des Pferdes zu unterstützen, ähnlich den Hilfslinien eines Schulheftes, die den Schüler in der ersten Zeit des Schreibenlernens helfen. Wir reiten zum Beispiel eine einfache Schlangenlinie mehrfach hin und wieder zurück.

Wenn wir später dieses Muster reiten, wird sich unser »Pferdeschüler« an seine ersten Versuche erinnern. Man

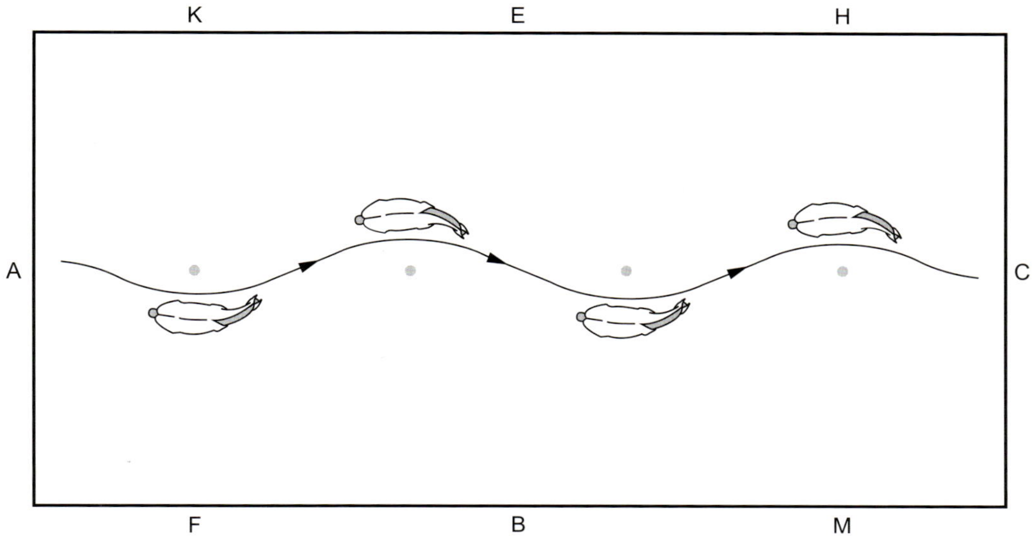

Slalom zwischen den Pylonen.

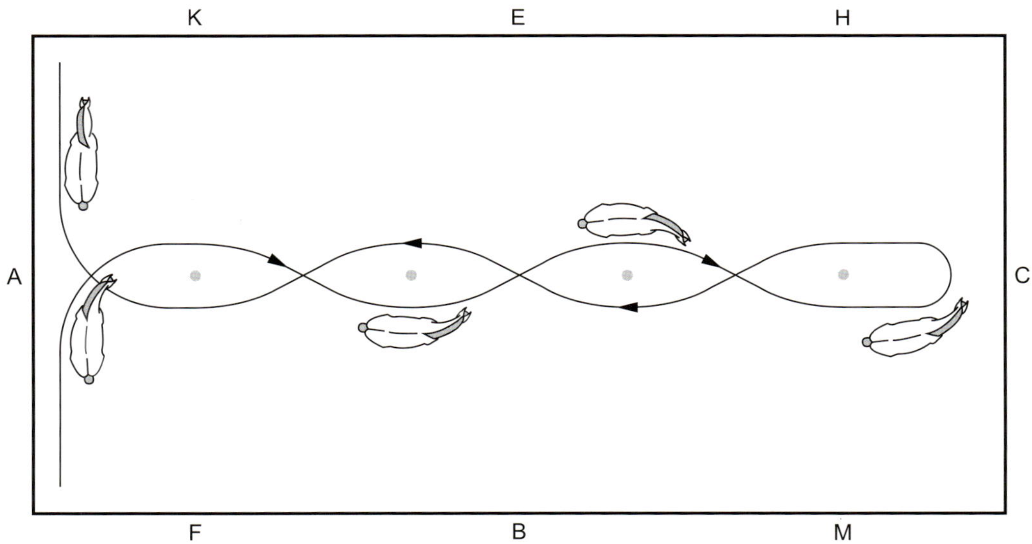

Doppelter Slalom zwischen den Pylonen.

Hartmut Luther zeigt die Dreieickszügelführung.

kann die Aufgabe dann etwas verfeinern und eine doppelte Schlangenlinie aufbauen und reiten. Dazu benutzen wir optische Hilfsmittel wie Pylonen oder Hütchen.

Die Anlehnung, die das Pferd auf dem Hufschlag durch die Ecken und Pylonen hat, hilft rohen Pferden schnell den Zusammenhang zwischen den Mustern und den Körperhilfen des Reiters zu verstehen.

Die Hilfen für das Durchreiten einer Schlangenlinie werden wie folgt kombiniert: Bei jedem Richtungswechsel wird der neue, führende innere Zügel ungefähr 30 Zentimeter entfernt etwa in Widerristhöhe abgespreizt gehalten. Der äußere Zügel liegt locker und leicht tiefer an der äußeren Schulter. Wer dran kommt, sollte auch die äußere Hand mit sanftem Druck an Hals und Schulter legen. Der Oberkörper dreht sich stark in die Bewegungsrichtung. Nicht in der Hüfte einknicken. Wir nennen diese Art der Zügelführung Dreieckszügelführung.

Der äußere Schenkel wird anfangs etwas verstärkt angelegt und unterstützt damit das Hineinführen in die Bewegung. In diesem Stadium der Ausbildung heißt es: Bitte übertreiben! Schon bald wird sich herausstellen, dass das Pferd bereits bei der Einleitung einer Richtungsänderung reagiert. Allein das Zurücknehmen der inneren bzw. Vorschieben der äuße-

ren Schulter lässt das Pferd erkennen, was verlangt wird.
Es gibt die verschiedensten Möglichkeiten für Schlangenlinien. Zunächst sehr enge Linien mit wenig Biegung, also eine Art Slalom um alle Hütchen. Später eine Form mit mehr Biegung, die wir als Halbvolten bezeichnen. Das erfordert schon genaueres Reiten und exaktes Geraderichten von einer Biegung zur nächsten. Vergrößert man dieses Muster noch, gelangt man zum so genannten Mäandermuster, das wir später noch genauer besprechen werden. Auf jeden Fall ist es sinnvoll, dazu vier Pylonen auf der Mittellinie der Reitbahn aufzustellen. Bei einer Reitbahn mit den Maßen 20 x 40 m sollte jetzt der Abstand zwischen den Pylonen ca. 6–8 Schritte betragen, so dass ein optimaler Voltenradius von 3–5 m um den Drehpunkt (Pylone oder Hütchen) entsteht. Bei jungen Pferden sollte der kleinste Voltendurchmesser sechs Meter nicht unterschreiten. (Hier sei noch einmal auf das Kapitel »Die Anwendung der Zügel« verwiesen, insbesondere »Erste Lernphase«.)
Wichtig ist, dass das Pferd nicht in Außenstellung geht. Bei der Schlangenlinie ergibt sich immer ein Stück, bei dem der Pferdekopf gerade gestellt ist. Erst dann wird der neue innere Zügel eingesetzt, um den Kopf des Pferdes in die entgegengesetzte Richtung zu stellen. In diesem frühen Stadium ist das die wichtigste Bedingung überhaupt. Darauf sollten wir jetzt konsequent bestehen. Noch ist es nicht wichtig, ob die Figuren schön und symmetrisch geritten werden oder ob sie etwas eckig ausfallen. Das Pferd soll das Prinzip der Richtung verstehen. Ohnehin entsteht (wenn alles gut geht) bei dem Rücklauf des Slaloms nahezu eine Volte und das Pferd beginnt sich zu biegen
Eine leichte Biegung ist für unser junges, bisher wenig gymnastiziertes Pferd das erste Ziel. Sie ist Voraussetzung für alles weitere Reiten.

Das Mäandermuster – Geradeausreiten und Abbiegen

Was ist denn unter einem Mäandermuster zu verstehen? Der Begriff Mäander stammt eigentlich aus dem Bereich der Geografie. Mäander sind die Schlingen eines Flusses, aber auch Ornamente auf Keramik werden so genannt. Diese Ornamente sind häufig auf griechischen Kunstgegenständen zu finden. Genauso sieht das Mäandermuster aus, das wir reiten wollen. Im vorherigen Kapitel sind wir bereits kurz darauf eingegangen. Im Prinzip ist das Mäandermuster eine Vergrößerung der Schlangenlinien bzw. Halbvolten um die Pylonen.
Das Mäandermuster ist eine Kombination aus Geradeausreiten und Abbiegen. Die Ecken dürfen dabei etwas abgerundet werden. Das Pferd muss sich leicht biegen, ohne dass wir es überfordern. Wir sind bei diesem Muster dazu in der Lage, das Geradeaus-

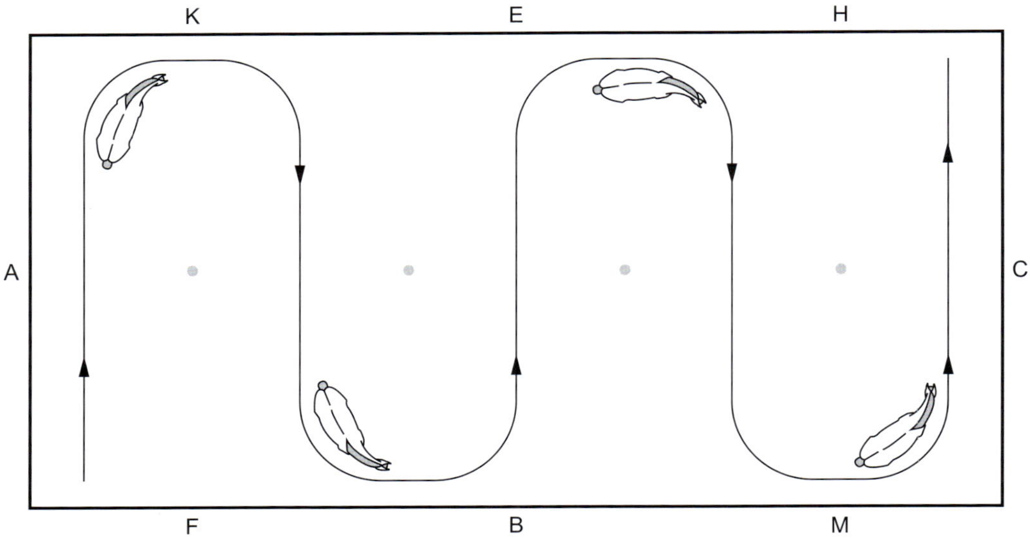

■ **Die vergrößerte Schlangenlinie zwischen den Pylonen nennen wir Mäander.**

reiten auf einer überschaubaren Strecke zu üben. Es ist zudem eine gute Kontrolle, ob unser Pferd die bisher geübte Zügelführung verstanden hat. Die meisten Reitschüler wundern sich, dass es einem jungen Pferd schwer fällt geradeaus zu gehen. Sie haben eher das Gefühl auf einem schwankenden Schiff zu sitzen als auf einem stolzen Tier, das sie sicher zur anderen Seite der Bahn trägt.

In der Tat hat dieses Mäandermuster es in sich. Außer den Zügeln und den weiteren Hilfen des Reiters hat das Pferd keinerlei Anlehnung an die Bande oder den Hufschlag.

Beim Geradeausreiten halten wir jetzt beide Zügel ganz konsequent so nah wie möglich am Pferdehals. Der jeweils führende Zügel wird deutlich höher gehalten. Kommen wir von links, ist das der linke Zügel. Beim Durchreiten der Mittellinie lassen wir ihn dann bis an die Schulter des Pferdes herabsinken. Dort bleibt er, wie bereits geübt, locker, aber jederzeit griffbereit angelegt. Wie wir es schon bei den Schlangenlinien gemacht haben, wird der andere Zügel im Punkt X hochgenommen. Nun stabilisiert der rechte Zügel die Vorhand des Pferdes. In diesem Moment sind die Zügel die wichtigste Anlehnung, die das Pferd hat. Wir beabsichtigen ja gleich nach rechts abzubiegen, also kommt nun dem rechten Zügel die gleiche Aufgabe zu, wie vorher dem linken auf immer noch der gleichen geraden Linie. Das bedeutet, er wird zwar schon höher genommen, aber

■ Der junge Hispanoaraber Hajati bewältigt das Mäander bereits im Trab. Deutlich zu sehen sind die Blickwendung und die Drehung des Oberkörpers.

■ Beim Geradeaus sollen die eng geführten Zügel beidseitig für das Pferd zu spüren sein.

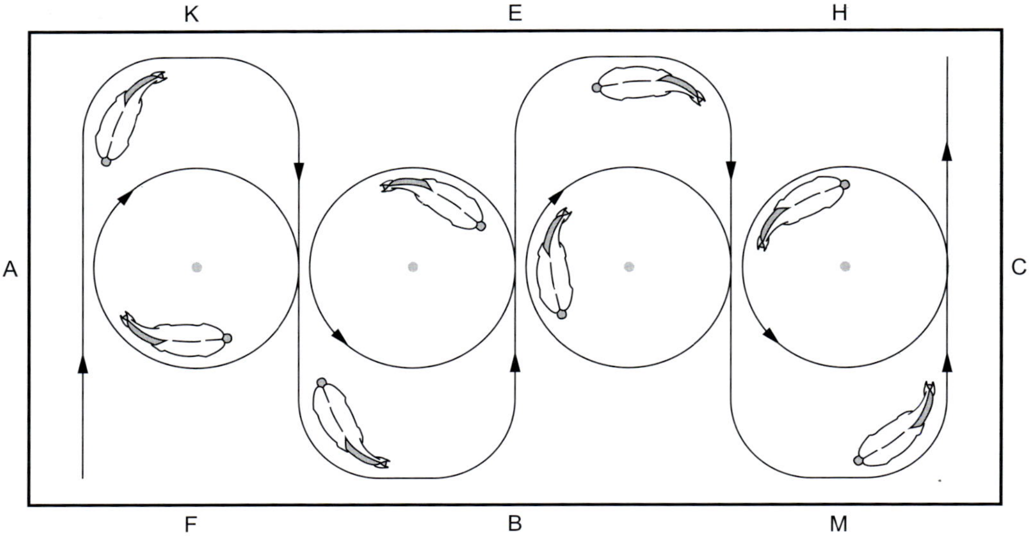

■ **Mäandermuster mit Mittelvolten.**

er bleibt noch am Hals des Pferdes. Mit der Zeit soll das Pferd lernen, dass dieser Körperkontakt mit den Zügeln bedeutet, dass es geradeaus laufen soll.

Erst unmittelbar vor Erreichen des Hufschlages wird er seitlich abgespreizt, um dem Pferd den neuen Weg zu weisen. Es entsteht also während des geradlinigen Weges von Hufschlag zu Hufschlag eine Phase, bei der beide Zügel eng gehalten werden. Genau während dieser Zeit sinkt der Zügel herab und der andere wird etwas höher genommen. Biegen wir jetzt ab, so entfernt sich der führende Zügel vom Hals allein durch die eigene Blickwendung bzw. Körperdrehung.

Wir erinnern uns:

- Innere Schulter zurück!
- Äußere Schulter vor! (Innen ist da, wo wir hinreiten, außer beim Schulterherein.)
- Pferdekopf durch leichtes Zupfen oder Klingeln in Bewegungsrichtung stellen.

Schon in diesem Stadium versuchen wir durch Gewichts- und Schenkelhilfen, das Pferd jeweils auf der Geraden zu halten. Nun beginnt auch der äußere Zügel an Bedeutung zu gewinnen. Er begrenzt sozusagen nach außen.

Besonders zeigt sich die Bedeutung des äußeren Zügels, wenn wir das Muster bis zum so genannten »modifizierten Mäandermuster« verändern, in dem ganze Volten eingebaut werden.

Modifizierte Mäandermuster

Die modifizierten Mäandermuster sind eine Weiterentwicklung des einfachen Mäandermusters. Sie verlangen schon etwas mehr von Pferd und Reiter. Das Pferd muss sich deutlicher biegen und die Hilfen zum Reiten von Volten, zum Geradeausreiten und Abbiegen gut unterscheiden können. Wir führen das Pferd beim modifizierten Mäandermuster mit loser Zügelanlehnung abwechselnd auf gerader und gebogener Linie. Die eine Möglichkeit, Volten in das Mäandermuster einzubauen ist, die gerade Linie durch die Volte, die um die Pylone herum angelegt wird, zu unterbrechen.

Zur besseren räumlichen Orientierung merken wir uns:
Kommen wir von rechts, folgt eine Rechtsvolte.
Kommen wir von links, folgt eine Linksvolte.

Wesentlich schwieriger als das Muster mit den Mittelvolten innerhalb eines Mäanders, ist das Mäandermuster mit versetzten Volten. Die Volten werden dabei mit ihren Berührungspunkten an den Hufschlag verlegt. Diese Variante ist schwieriger, da die Anlehnung durch die Pylonen fehlt. Es erfordert schon genaues Reiten mit vielen Richtungsänderungen und kurzen aufeinander folgenden Geraden.

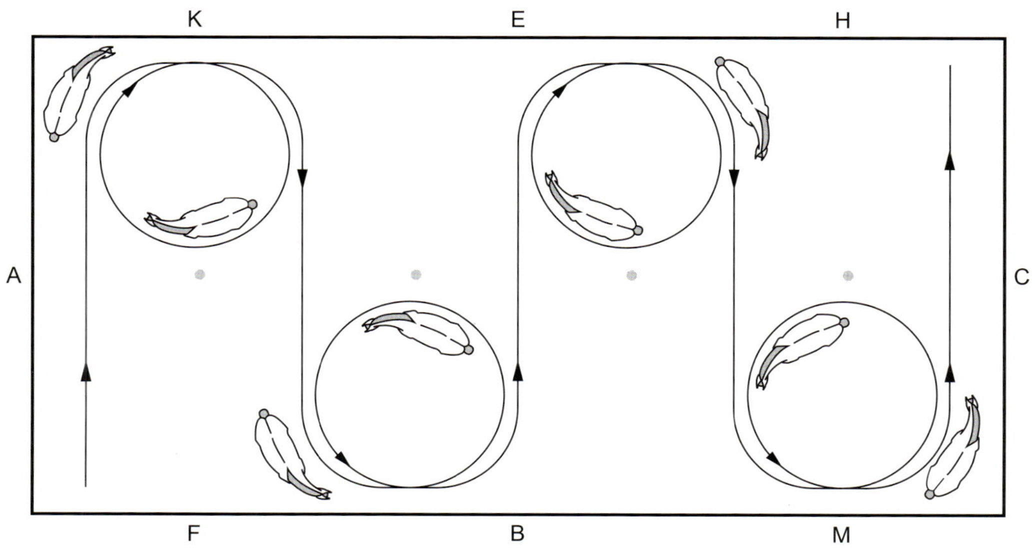

Mäandermuster mit versetzten Volten.

Welche Variante auch immer, das modifizierte Mäandermuster hat es in sich. Blickwendung nebst Körperdrehung erfordern unsere höchste Aufmerksamkeit, denn diese unbekannten Muster wirken zunächst einmal verwirrend. Das legt sich aber mit der Zeit.
Dabei sei noch einmal erwähnt: Anfängliches Übertreiben schadet nicht, sondern fördert die Gewohnheit und das Verständnis der Pferde.

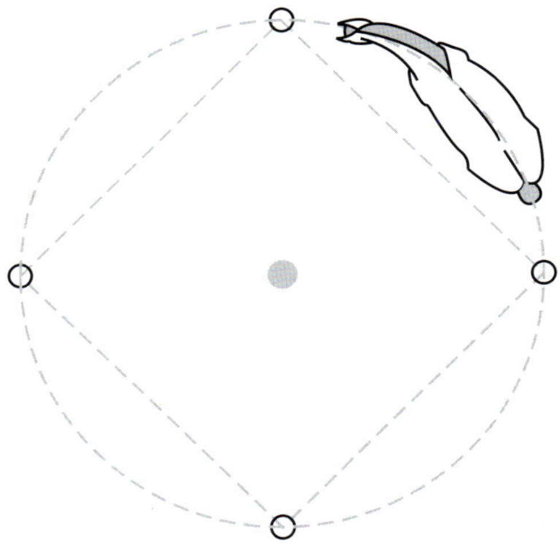

Zunächst reiten wir die vier Eckpunkte eines Quadrats an. Aus den vier groben Richtungsänderungen werden immer feinere Biegungen, so dass der Zirkel immer runder wird.

Der Zirkel

Standen am Anfang der Ausbildung in der Reitbahn kurze gerade Strecken oder Schlangenlinien wie schon François Robichon de la Guérinières es empfohlen hatte, so beginnen wir nach einiger Zeit mit weiten, kontinuierlich gebogenen Linien. Wir sprechen jetzt vom Zirkel.
Es ist viel schwieriger einen solchen Zirkel zu reiten, als man allgemein glaubt. Gerade bei jungen, noch wenig gymnastizierten Pferden trifft das besonders zu. In den meisten Fällen drängen die Pferde nach innen und wollen gerne die Abkürzung nehmen.
Um die Ansprüche an die Biegung zunächst gering zu halten, wählen wir einen großen Zirkel von vielleicht 18 m Durchmesser. Dabei visieren wir jeweils, wenn es sich um eine reguläre Reitbahn von 20 x 40 m handelt, die Zirkelpunkte der beiden langen und der kurzen Seite an.
Wir bemühen uns, den Kopf des Pferdes immer in der richtigen Stellung zu halten, auch wenn das anfangs noch nicht möglich ist. Wir benutzen wieder den inneren losen Zügel und zupfen den Kopf des Pferdes leicht nach innen. Wie schon besprochen, wird der eigene Oberkörper dabei in die Bewegungsrichtung gedreht. Der Zügel wird immer wieder in Ruhe gelassen, natürlich verliert das Pferd anfangs gelegentlich die Kopfstellung nach innen. Das macht aber nichts. Wir wiederholen diesen Vorgang solange, bis sich dann nach längerem Üben eine kontinuierliche Stellung des Kopfes einstellt. Der äußere Zügel liegt locker und etwas tiefer am Pferdehals an. Der innere Zügel wird etwa 30 cm nach innen geführt und leicht

■ **Im zweiten Ausbildungsstadium kann auch mit dem Galopp auf dem Zirkel begonnen werden. Ruth Stark und Dhaly zeigen uns hier in schöner Haltung, wie der äußere Zügel mit sanften Druck am Hals begrenzend eingesetzt wird.**

höher gehalten. Wichtig ist vor allem, dass nicht permanent am Zügel gezogen wird. Nachgeben ist wichtig, es muss immer wieder der Zug weggenommen werden. Das Ganze ist ein, wie schon mehrfach gesagt, impulsartiger Vorgang. Wenn wir zunächst an ein Quadrat denken, anstatt an einen richtigen Zirkel, hilft uns das wenigstens, die Zirkelpunkte zu treffen. Später rundet sich der Zirkel tatsächlich immer mehr ab. (Bei gut ausgebildeten Pferden ist das Reitergewicht weder nach innen noch nach außen verlagert.)

Im Idealfall wird das Pferd allein auf die Körperdrehung reagieren. Leider ist dies bei unserem Jungpferd noch nicht der Fall. Es wird bei korrekter Kopfstellung nach innen drängen. Somit sind wir gezwungen, unser Gewicht nach außen und in den Steigbügel zu verlagern. Der innere Schenkel liegt an und hindert das Pferd daran, nach innen zu laufen. Im schlechtesten Fall, sind sogar die Hilfen zum Vergrößern des Zirkels anzuwenden. Erst wenn große Zirkel mit guter Kopfstellung geritten werden können, dürfen wir zu ganzen Volten und den damit verbundenen Mustern übergehen.

Um hierbei die Pferde nicht zu überfordern, sollten dann die Volten oder kleineren Zirkel einen Durchmesser von ca. zehn Schritten nicht unterschreiten. Dies erfordert vom Pferd schon eine erheblich stärkere Biegung. Bei fortgeschrittener Ausbildung kann der Voltendurchmesser auf ca. sechs Schritte verkleinert werden. Klappt das Reiten auf dem Zirkel im Schritt gut, kann zum ruhigen Trab übergegangen werden. Manches klappt mit Schwung bekanntlich besser und der gymnastizierende Effekt ist wesentlich größer.

■ Jacu musste am Anfang seiner Ausbildung das unmittelbare Anhalten erst einmal lernen. Aus dem Trab sind schon deutliche Hilfen nötig. Gut zu sehen ist das sofortige Nachgeben der Zügel. Nach längerer Übung und zusätzlichem Einsatz der Sporen ist der Stopp von Jacu gekonnt auf dem Foto im Kapitel: »Der Sitz beim konsequenten Anhalten« zu sehen.

Das unmittelbare Anhalten: Der Stopp

Das Anhalten steht ganz oben auf dem Übungsplan. Warum so früh? Ein Pferd in jeder Situation kontrollieren zu können, ob in der Halle, auf dem Platz oder im Gelände, bringt Sicherheit. Im Gelände kann das unter Umständen lebensrettend sein. Man denke nur an Hauptverkehrsstraßen oder steile Abhänge, auf die man mit einem durchgehenden Pferd zustürmt. Genauso wichtig ist es, dass man dazu in der Lage ist, sein Pferd unter Kontrolle zu halten, auch wenn andere wild losstürmen. Es gibt so viele Situationen, die ein sofortiges Anhalten erfordern. Anhalten beginnt aber schon viel früher ... Einige Pferde neigen dazu, während oder gleich nach dem Aufsteigen loszulaufen. In diesem Falle muss ebenfalls sofort konsequent die Hilfe zum Anhalten gegeben werden.

Phase 1
Damit das Pferd nicht mit der Hilfe überfallen wird, benutzen wir den Laut »Psst«. Dieser scharfe Zischlaut ist für das Pferd gut hörbar und geht selbst bei lauten Geräuschen oder starkem Wind nicht unter. Wenn wir diesen Laut konsequent anwenden, wird bald immer weniger Zügeleinwirkung nötig sein. In der Praxis hat sich eine bestimmte Reihenfolge bewährt, die wir nun kurz ausführen werden.

- Sie zischen »Pssst« kurz vor der eigentlichen Hilfe.
- Sie verkürzen die Zügel, kippen Ihr Becken ab und atmen aus.
- Sobald das Pferd steht, geben Sie ihm augenblicklich die Zügel zur Belohnung hin.

Um ein Pferd schonend und doch konsequent anzuhalten, ist es von größter Wichtigkeit, die Reihenfolge exakt einzuhalten, andernfalls wären eine Reihe von Fehlreaktionen möglich.

Mögliche Fehler

Es sensibilisiert kein Pferd, wenn der Laut »Psst« erfolgt, nachdem schon am Zügel gezogen wurde. Wir geben die Zügel erst hin, wenn das Pferd sicher steht. Eine Sekunde eher und das Pferd könnte unter Umständen weiterhasten wollen.

Geben wir anderseits zu spät mit den Zügeln nach, besteht die Gefahr, dass das Pferd einen Ausfallschritt macht, um sich besser ausbalancieren zu können.

Vergisst man auszuatmen und spannt weiter die Bauchdecke und Schenkelmuskulatur an, erwartet das Pferd vielleicht noch etwas und es fällt ihm dadurch sehr schwer, ruhig stehen zu bleiben. Zur Beruhigung hilft dann freundliches Kraulen am Widerrist. Das kennt unser Pferd von seinen Artgenossen. Ich greife bei meiner Arbeit gerne auf solche Kenntnisse zurück und versuche, natürliche Verhaltensweisen mit einzubauen. Ich bin davon überzeugt, dass das der sanftere Weg in der Ausbildung ist. Widerristkraulen überfordert keinen und ist ein kleiner Schritt zur besseren Verständigung mit dem Pferd. Ein weiches »Schschsch« verstärkt noch die beruhigende Wirkung. Später, in einer aufregenden Situation, werden solche im Moment unbedeutend aussehenden, vertrauensbildenden Maßnahmen helfen.

Drängt das Pferd weiter vor, muss der Zügel wieder nachgefasst werden. Aber bitte nur ganz kurz und sofort wieder entsprechend nachgeben und sich entspannen. Anfangs lernt das Pferd, in der Bewegung abrupt »einzufrieren«. Das ist auch richtig.

Sobald das gut funktioniert, achten wir darauf, dass die Hinterbeine leicht unter- und zusammengestellt sind. Das Ziel ist es nicht, einen Sliding Stopp zu erreichen. Das Pferd soll aber doch konsequent ohne Zwischenschritt stehen bleiben. Zur Schonung des Pferdes sollte das Anhalten nicht aus dem Galopp geübt werden.

Phase 2

Die Volte eignet sich hervorragend, um das Anhalten zu perfektionieren. Wenn wir eine Volte am Hufschlag reiten, können wir jeweils genau bei Erreichen des Hufschlages wieder anhalten. Erstens bleiben die Pferde in dieser Situation gerne stehen und zweitens wird jeweils der innere Hinterfuß, wenn alles gut geht, etwas mehr unter den Pferdekörper treten. (Dort ist der kürzere Radstand.)

Üben wir das einige Male sowohl links- als auch rechtsherum, wird das Pferd allmählich daran gewöhnt, grundsätzlich beim Anhalten besser

Sinnvoll beim Rückwärtstreten ist eine optische Begrenzung.

unterzutreten. Wenn das gut klappt, setzen wir zusätzlich die Schenkel bzw. die Sporen leicht ein. Das bewirkt ein verbessertes Untertreten, weil es als Treiben verstanden wird. Man darf das aber nicht zu früh üben, damit keine größeren Missverständnisse auftreten. Nach meiner Erfahrung besteht dann die Gefahr, dass das Pferd bei jedem Schenkeldruck stehen bleibt, anstatt anzutreten oder schneller zu gehen. Setzt man die Schenkelhilfe beim Anhalten aber erst ein, wenn das Pferd die anderen Hilfen zum Anhalten verstanden hat und Schenkeldruck als zusätzlich treibende Hilfe versteht, können wir uns genau das zu Nutze machen. Das Pferd wird getrieben und setzt beim Gegenhalten der Zügel entsprechend weiter unter.

Aber Vorsicht: Die Zügel müssen schnell genug wieder nachgegeben werden, sonst reißt das Pferd den Kopf hoch. Dieser unschöne Fehler macht das harmonische Bild schnell wieder zunichte.

Rückwärtstreten

Das Rückwärtstreten ist ein Kriterium für die Durchlässigkeit und die Willigkeit des Pferdes. In bestimmten Situationen muss das Pferd rückwärts tre-

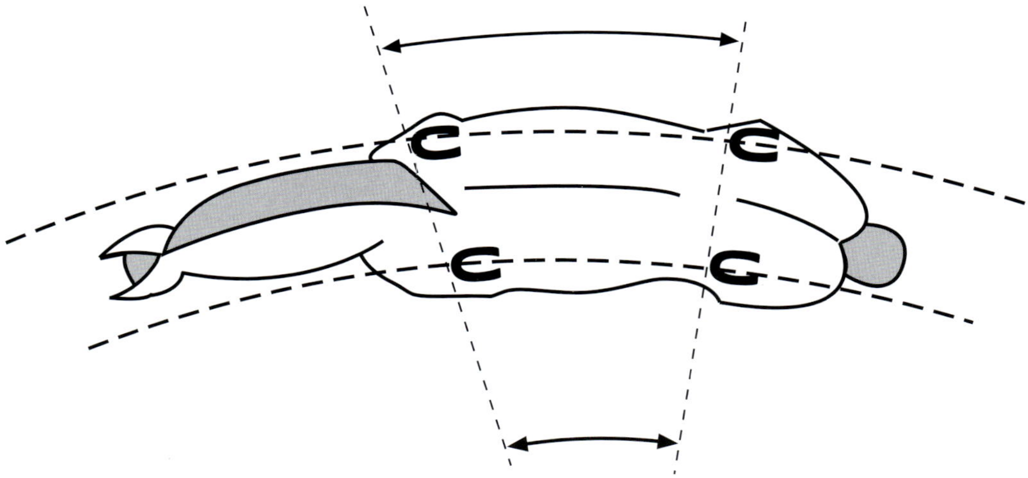

■ **Das Pferd hat kein Differentialgetriebe wie ein Auto. Daher muss es sich außen dehnen, um den längeren Weg zu bewältigen. Den Umstand des kürzeren »Radstandes« innen machen wir uns beim Stopp zu Nutze.**

ten können. Als Strafmaßnahme hingegen halte ich es für nicht geeignet.
Im Grunde genommen sind zum Rückwärtstreten sinngemäß die gleichen Hilfen wie zum Anhalten und Vorwärtstreiben anzuwenden, das heißt Becken abkippen und Zügel verkürzen.
Auf keinen Fall darf man sich beim Rückwärtstreten des Pferdes nach vorne legen! Es ist immer besser, den Oberkörper eher etwas zurückzuverlagern. Aber auch hier gilt: Nicht zu weit nach hinten legen.
Wir geben allerdings die Zügel nicht nach und treiben überspitzt ausgedrückt das Pferd gegen eine imaginäre Wand.

- *Becken abkippen*
- *Schenkel anlegen → Pferd geht vorwärts*
- *Zügel nachgeben*

- *Becken abkippen*
- *Schenkel anlegen → Pferd hält an*
- *Zügel verkürzen*

- *Becken abkippen*
- *Schenkel anlegen → Pferd geht rückwärts*
- *Zügel nach dem Verkürzen, nicht mehr nachgegeben*

Wenn wir uns zunächst mit nur ein bis zwei Schritten begnügen, wird das Pferd das sehr schnell verstehen. Am besten benutzen wir dazu eine Begrenzung.

Wir legen uns eine Gasse aus zwei Stangen. Zunächst führen wir das Pferd hindurch und lassen es ruhig alles anschauen. Danach halten wir in der Stangengasse an und lassen es Schritt für Schritt wieder heraustreten. So wird das Pferd auf spielerische Art unsere Hilfen verstehen und gerne und schnell lernen.

Wenn wir das Pferd später immer eine Pferdelänge weiter zurücktreten lassen als die Gasse lang ist, wird es auch leicht lernen, gerade rückwärts zu gehen und zwischen den Schenkeln und Zügeln zu bleiben. Weicht das Pferd dennoch zu einer Seite aus, verkürzen wir auf dieser Seite den Zügel und legen dort auch den Schenkel verstärkt an. Denn: Pferde wollen sich nicht biegen! Und somit haben wir leichtes Spiel, die Korrektur durchzuführen. Niemals darf das Pferd rückwärts gezogen werden. Es soll erst im Genick nachgeben! Also vorher am Zügel spielen und klingeln, bis dieser Effekt eingetreten ist.

Reißt das Pferd den Kopf hoch, verliert es unter Umständen sogar die Orientierung und das Gleichgewicht. Bitte arbeiten Sie mit Geduld und Ruhe! Das Rückwärtstreten ist eine anspruchsvolle Aufgabe. Sie haben allen Grund sich zu freuen, wenn es gut klappt.

Der äußere Zügel – der »zweite« Zügel

Nachdem wir nun die Muster »Schlangenlinie«, »Kleeblatt«, »Mäander«, »Modifizierter Mäander« sowie Zirkel kennen gelernt haben und das Pferd die Bedeutung des losen Stellungs- bzw. Führzügels verstanden hat, gehen wir mehr und mehr dazu über, den zweiten (äußeren) Zügel mit einzusetzen. Das heißt, er wird nicht mehr fast bedeutungslos weggelegt, sondern mit leichtem Kontakt zum Pferdemaul ebenso eingesetzt wie der innere Zügel.

In der ersten Phase hat das Pferd gelernt, vom inneren Zügel geführt zu werden und seiner Nase in die entsprechende Richtung direkt nachzulaufen. Das ist eine Form der direkten Biegung. Der innere, richtungsweisende Zügel wird dabei immer leicht höher gehalten als der äußere.

In einer bedeutenden Übergangsphase zeigen wir nun unserem Pferd, dass der äußere Zügel ebenfalls eine führende Rolle übernehmen und es sich auch von ihm führen lassen kann. Wir setzen dabei einen kleinen Trick ein: Wir halten den äußeren Zügel höher und spreizen ihn weit vom Hals ab – das Pferd soll dadurch diesem Zügel folgen. Der innere Zügel liegt am Hals an, stabilisiert die Schulter und stellt den Kopf nach innen. Nun darf und soll das Pferd über die äußere Schulter laufen.

Im Normalfall darf das Pferd natürlich nicht über die äußere Schulter ausbrechen. Normalfall bedeutet hier, dass der äußere Zügel das Pferd begrenzt und in die Bewegungsrichtung führt. Und genau das soll das Pferd durch diese Arbeit leichter begreifen. Wir arbeiten also in diesen speziellen Fällen bzw. Übungen in der so genannten »Plie«-Stellung (Außenstellung). Das Pferd soll dem inneren Zügel weichen.

Durch diese Methode lernen unsere Jungpferde, was es bedeutet, einem Zügel zu weichen. Egal, ob er innen oder außen am Pferdehals anliegt. Dabei liegt der innere mit leichtem Druck am Hals. Eine wichtige Voraussetzung für das einhändige Reiten, bei dem das Pferd eher dem äußeren Zügel weicht, als es dem inneren folgt (Neck-Reining). Als Anmerkung zum Neck-Reining möchte ich aber ehrlicherweise sagen, dass es eventuell Jahre dauert, bis es korrekt funktioniert.

Die eigene Körperdrehung signalisiert dem Pferd, in welche Richtung es gehen soll. Das Pferd stellt seine Nase fast von alleine in die Bewegungsrichtung. Der äußere Zügel hilft dann allenfalls noch etwas nach. Man könnte das als Vorstufe zum zügellosen Reiten sehen. Leider sieht man bei Westernvorführungen oft Pferde, die viel zu früh einhändig geritten werden und die ihre Nasen in Außenstellung halten. Um das zu vermeiden, reiten wir während der Ausbildung so lange wie möglich zweihändig, selbst wenn das Pferd längst einhändig mit korrekter Kopfstellung auf Kandare geritten werden kann. Es muss immer sichergestellt werden, dass die Voraussetzungen, das vorher Gelernte, wirklich verstanden wurden.

Dies muss man nicht in einer gezielten Prüfung machen, sondern wir sehen Tag für Tag, wie unser Pferd sich entwickelt. Wenn es die Übungen leicht und ohne Ziehen und Zerren ausführt, darf aufbauend weitergearbeitet werden. Auch gibt es in diesem Programm spezielle Kontrollübungen, die man immer wieder in die tägliche Arbeit einbringen kann.

Was bedeutet »innen«?
Wir bezeichnen die hohl gebogene Seite des Pferdes, zu der auch der Kopf gestellt wird, als innen. Wir brauchen diese Definition, um Klarheit für die Hilfengebung zu schaffen, denn es gibt Übungen, bei denen sich das Pferd in Richtung der voll gebogenen Außenseite bewegt.

Ausritte – Berge rauf und runter reiten

Nun überprüfen wir den Erfolg unserer Arbeit im Gelände. Wie verhält sich unser Pferd bei Ritten in der Natur? Ich erinnere mich noch ganz genau an meine ersten Ausritte mit *Velvet*. Sie war damals ein Jungpferd und ich selbst noch recht ungeübt. Ich nutzte alle Hindernisse, denen wir im Gelände begegneten, aus. Bei manchen Ausrittes kassierte ich eine Schelte von meiner Freundin: »Jedes Mal, wenn man sich umdreht, bist du wieder irgendwo verschwunden.« In der Tat ritt ich um Bäume herum, damit ich einen Punkt für meine Volte hatte. Und ich benutze die am Boden liegenden Baumstämme, um das Pferd ein paar Schritte seitwärts übertreten oder nur etwas darüber stehen zu lassen. Manchen kleinen Hügel ging ich zweimal rauf und runter, bis *Velvet* gelernt hatte, das langsam und gerade zu tun.

Das Reiten im Gelände fördert die Gelassenheit der Pferde, erweitert ihren Horizont, lässt sie Erfahrungen sammeln und abspeichern. Deshalb sollten wir darauf achten, dass diese Erfahrungen positiv ausfallen. Es ist sicher zu empfehlen, die ersten Ausritte gemeinsam mit einem erfahrenen Pferd und Reiter zu unternehmen. Denn wenn das erfahrene Pferd gelassen auf vermeintliche Gefahren reagiert, wirkt das auf das Jungpferd beruhigend. Es kommt vielleicht gar nicht auf die Idee, Angst vor verschiedenen Dingen bekommen zu müssen und Fluchtgedanken kommen somit gar nicht erst auf.

Schwierigkeiten, die auf einen am Wegesrand lauern

Hier nun ein praktischer Hinweis, wie wir mit »Problemen« im Gelände umgehen können. Wenn ein Hindernis, das auf das Pferd besonders gefährlich wirkt, auftaucht, wie zum Beispiel ein Papierkorb am Wegesrand oder ein Baumstamm, der nicht senkrecht, sondern waagerecht auf dem Reitweg liegt, dann zwingen wir das Pferd nicht mit Gewalt auf das Hindernis zu, sondern versuchen es gar nicht zu beachten. Wenn das Pferd seitlich ausweichen und sich so vorbeidrücken möchte, dann ist es in Ordnung. Beim Passieren von Hindernissen sollte ein erfahrenes Pferd vorangehen.

Bergauf – bergab

Hier verhalten wir uns als wären wir mit einem LKW unterwegs: Wir reiten im kleinen Gang, also im langsamen Tempo, eine Steigung sowohl hoch als auch runter.

Zu unserer Haltung auf dem Pferd ist zu sagen: Bei abschüssigem Gelände beugen wir uns nicht nach hinten. Wir würden so die Hinterhand belasten, die ohnehin ins Rutschen geraten kann. Wir stehen stattdessen entlastend nach vorn gebeugt in den Steigbügeln. Gerade halten und langsam runter lautet die Devise.

Bei ansteigendem Gelände gilt sinngemäß das Gleiche. Um den Pferderücken zu entlasten, stehen wir in den Bügeln, beugen uns leicht nach vorne und nehmen so einen Schwebesitz ein. Jetzt muss die Hinterhand des Pferdes kräftig schieben und drücken. Wir sollten die enorme Rückentätigkeit des Pferdes nicht stören und es nicht aus dem Gleichgewicht bringen.

Hier zahlt sich das Üben für Carmen und Onyx am Boden aus. Auch dieser Baumstamm ist selbst unter dem Sattel kein Problem mehr.

Beim Bergauf- und Bergabreiten lässt sich ablesen, ob und wie sehr ein Pferd bereits im Gleichgewicht steht. Pferde, die noch nicht ausbalanciert sind, rennen sowohl beim Rauf als auch beim Runter am liebsten los. Das Pferd im Schritt bergauf zu reiten ist wichtig, denn Sehnen, Bänder und der Muskelapparat werden dabei intensiv trainiert.

Wie oft und wie lange sollte man mit dem Pferd ins Gelände reiten?

Nachdem man mit dem Pferd auf dem Platz oder in der Halle ungefähr zwei Monate gearbeitet hat, sollten außer den Spaziergängen am Führstrick noch Ausritte ins Gelände dazu kommen. Ritte von zwanzig Minuten genügen am Anfang völlig. Nach und nach können sie auf eine Dreiviertel- bis Stunde ausgedehnt werden. Die Lektionen auf dem Platz sollten wir dann alle zwei, drei Tage durch einen gemütlichen Ausritt ergänzen. Auch Kombinationen sind natürlich möglich. Was ist schöner, als nach ein paar Lockerungsübungen, noch ein bisschen ins Gelände zu gehen. Umgekehrt kann man ein Pferd, das in seinem Ausbildungsstand schon weiter fortgeschritten ist, bei einem kurzen

Das sichere Führpferd Jacu voran, Onyx folgt gelassen. So kann man Ausritte genießen.

Ausritt leicht und effektiv aufwärmen und danach mit ihm einige zügige Lektionen auf dem Platz absolvieren. Aber bitte keine unnötigen Überforderungen. Eine Stunde ausreiten und dann noch eine Dreiviertelstunde intensive Platzarbeit sind für ein Jungpferd zu viel. So verleidet man ihm das Arbeiten.

In welcher Gangart sollte ins Gelände geritten werden?

Die Regel ist, dass man sich im Gelände überwiegend im entspannten Schritt fortbewegt. Trabsequenzen können natürlich eingebaut werden. Gelegentlich, wenn es die Strecke und die Mentalität des Pferdes erlauben, auch ein kleiner Galopp. Die Voraussetzung ist selbstverständlich, dass man eine geeignete Strecke wählt und zudem ein ruhiges, erfahrenes Pferd vorausgaloppieren lässt. Bei Stecken geradeaus besteht in der Regel nicht die Gefahr, dass der Galopp unausballanciert wird. Ein Sturz oder die Möglichkeit, dass das Pferd Angst bekommt, sind damit gut vermeidbar. Leider hat heute kaum jemand mehr Zeit, um auf etwas zu warten. Dabei bedeutet, sich im richtigen Moment Zeit zu lassen, oft Zeit zu sparen.

	1.Anfangsstadium	2.Ausbildungsstadium	3.Feinabstimmung	4.Spezialausbildung (Sonderfall)
Dauer	2–3 Monate	1–3 Jahre	1–2 Jahre	1–3 Jahre
Stand bei Beginn	Pferd läuft nicht geradeaus und geht nicht im Takt.	Gymnastische Voraussetzung für Seitengänge.	Vermehrtes Aufrichten. Kopf des Pferdes beginnt sich ohne große Einwirkung zu stellen.	Ausgeglichenheit in jeder Situation. Gut gymnastiziert.
Zügeleinsatz	Nur ein Zügel stellt und zeigt.	Leichte Versammlung auf Zug von zwei Zügeln – ein Zügel stellt, einer führt.	Zügelbedeutung nimmt ab – allein der äußere Zügel genügt zum so genannten »Neck-Reining«, verbunden mit den anderen Hilfen.	Zügel sind überflüssig; andere Hilfen könnten die Zügel völlig ersetzen.
Ziele	Ein natürlich, lockeres und ganz ungestört laufendes Pferd. Erste Bemühungen um Takt, gute Kopfstellung und Gewöhnung an das Reitergewicht.	Pferd sollte in leichter Versammlung gearbeitet werden können. Vertikale Kopfstellung verbessert sich. Gleichgewicht und Takt verbessern sich. Biegen des Rumpfes durch Volten und Seitengänge.	Pferd wird gut gearbeitet und macht Fortschritte. Seitengänge im Galopp. Aufrichtung, Biegung und Hankenbug.	Pferd ist ruhig, gelassen und sehr gut gearbeitet. Es wird möglich, das Pferd einhändig zu reiten und für Spezialaufgaben nach seinem Talent zu fördern.

Hans-Jürgen Mouhlen mit seinem Hengst Chivito in einer ausdrucksstarken Piaffe.

Hier zeigt der Reiter eine Form der Spezialausbildung: die Arbeit mit der spanischen Garrocha.

Nicht jede kleine Galoppstrecke, die sich anbietet, sollte man ausnutzen. Dadurch würden wir uns unter Umständen einen echten »Zappler« erziehen, der nur noch an das Eine denkt, wenn es für ihn so aussieht, als könnte es gleich losgehen.

Am Anfang sind Ausritte sicher sehr spannend. Später wollen wir die Seele baumeln lassen können. Beide – das Pferd und der Mensch!

Je weiter Pferd und Reiter in der Ausbildung fortschreiten, desto enger werden die Zügel zusammengenommen. Während anfangs noch überdeutliche Zügelführung notwendig ist, wird später die Zügelarbeit vermehrt durch Körpersprache ersetzt.

Es gibt einige Reiter, die zeigen können, dass es letztlich auch ganz ohne Zaum und Zügel geht. Bis dahin ist kontinuierliche Arbeit notwendig. Der stellende und führende innere Zügel beim nicht versammelten Pferd wird bei fortschreitender Ausbildung durch die Führung des äußeren Zügels ergänzt. Nach vielen Jahren der Ausbildung hält das Pferd dann von selbst den Kopf in die Bewegungsrichtung, ohne dass dazu eine Zügeleinwirkung erfolgen muss. Ebenso hat es bis dahin eine wunderschöne Aufrichtung sowie eine gute Bemuskelung durch entsprechende Gymnastizierung erreicht.

Ein piaffierendes Pferd, bei dem die Zügel durchhängen – dieses Bild kann einen begeistern. Natürlich ist dies nicht unser Ausbildungsziel und daher auch nicht Gegenstand dieses Buches, aber Träumen ist ja erlaubt ...

Spezielle Übungen für die Ausbildung

Das eigentliche Herzstück des Soft-Horse-Riding-Programms sind die nachfolgenden Übungen. Diese Übungen, wie zum Beispiel Reverse in Pliestellung, Schultervor oder Eckenausreiten bauen aufeinander auf und bedingen einander. Eines entbehrt jegliche Diskussion: Der Nutzen und der Erfolg dieser Übungen, denn sie machen ein feines und sensibles Reiten überhaupt erst möglich. Aus diesem Grund müssen wir wohl überlegt vorgehen, da wir hier den Grundstein in der Ausbildung hin zu einem rittigen Pferd legen, an dem wir uns viele Jahre lang erfreuen möchten. Besonders Übungen wie Schultervor und Eckenausreiten bereiten unser Pferd sehr gut auf das Schulterherein vor, den Seitengang, der unser Pferd optimal gymnastiziert. Irgendwann wird man sich eine Reiteinheit ohne Schulterherein nicht mehr vorstellen können.

Diese Reihenfolge der Übungen basieren auf Erfahrung. Dabei steht im Vordergrund, dass das Pferd die jeweilige Aufgabe versteht. Wenn man die Gymnastizierung an erster Stelle sieht, kann eine andere Reihenfolge sinnvoller sein. So könnte man vom Schwierigkeitsgrad her, zuerst das »scharfe Eckenausreiten« durchführen. Viele junge Pferde gehen aber nicht gerne in eine Ecke hinein, weil sie sich dort zwischen den Schenkeln des Reiters und beiden Wänden in die Enge getrieben fühlen. Zudem empfinden die Pferde die Schenkel zunächst als treibend und fallen in den Trab. Daher wähle ich oft die hier beschriebene Reihenfolge, denn es ist unmöglich, ein Pferd durch Übungen gymnastizieren zu wollen, die es nicht begreift. Versteht es, was wir von ihm wollen, werden die Übungen immer mehr nach gymnastizierenden Gesichtspunkten geritten. Ab einem gewissen Punkt der Ausbildung ist die Gymnastizierung das Wichtigste. Wenn ich die einzelnen Übungen nun vorstelle, erkläre ich genau, warum ich diese Reihenfolge gewählt habe.

Reverse

Die erste Übung in diesem Ausbildungspaket ist der Reverse. Reverse ist eine Kehrtvolte. Reverse an sich wird zur Richtungsänderung verwendet. Er kann auf dem Hufschlag (ohne Anlehnung) oder aus der Ecke heraus (mit der Ecke als Anlehnung) durchgeführt werden. Das Pferd kann hierbei, wie wir es ihm beigebracht haben, seiner Nase nachlaufen. Wenn man diese Lektion so reitet, wird dem Pferd nichts Neues abverlangt. Interessanter wird es, wenn wir sie zu Reverse in Pliestellung weiterentwickeln, die wiederum eine sinnvolle Vorbereitung auf das »Über die Schulter gehen« darstellt.

Nun beginnen wir mit dem Reverse aus der Ecke. Wir reiten ganze Bahn, eine lange Seite entlang bis zur nächsten Ecke. Dort führen wir eine Kehrtvolte durch und kommen zum Hufschlag zurück. Nun befinden wir uns auf der anderen Hand.

Die Übungen im Überblick

- *Reverse – Kehrtvolte*
- *Reverse in Pliestellung. Die erste Übung, in der unser Pferd seinen Kopf entgegen seiner Bewegungsrichtung stellt.*
- *Schultervor – Vorübung für das Schulterherein. Das Pferd soll die Zusammenhänge zwischen Zügel-, Schenkel- und Körperhilfen und diesen Übungen begreifen. Zur Anlehnung dient die Reitbahnbegrenzung.*
- *Eckenausreiten – Vorübung für das Schulterherein. Das Pferd soll die Zusammenhänge zwischen Zügel-, Schenkel- und Körperhilfen und diesen Übungen begreifen. Zur Anlehnung dient die Ecke.*
- *Schultervor – eine weitere Vorübung für das Schulterherein. Auf gerader Linie: Hier wird Schultervor in eine Volte aufgelöst, zum Beispiel um eine Pylone herum. Um die Anlehnung zu unterstützen, stehen außer den eigenen Hilfen keine Begrenzungen oder sonstiges zur Verfügung.*
- *Schultervor – weitere Vorübung für das Schulterherein. Auf gebogener Linie eine Weiterentwicklung des Schultervor. Die gymnastizierende Wirkung kommt hier besonders zum Tragen. Schultervor wird auf der gebogenen Linie aufgelöst, indem man ein Stück geradeaus reitet und das Pferd gerade richtet. Um die Anlehnung zu unterstützen, stehen außer den eigenen Hilfen keine Begrenzungen oder sonstiges zur Verfügung.*
- *Kontrollaufgaben – mit ihnen überprüft man, ob das Pferd die Aufgaben richtig verstanden hat. Volte – diese Kontrollübung soll vornehmlich zwischen den geraden Linien durchgeführt werden.*

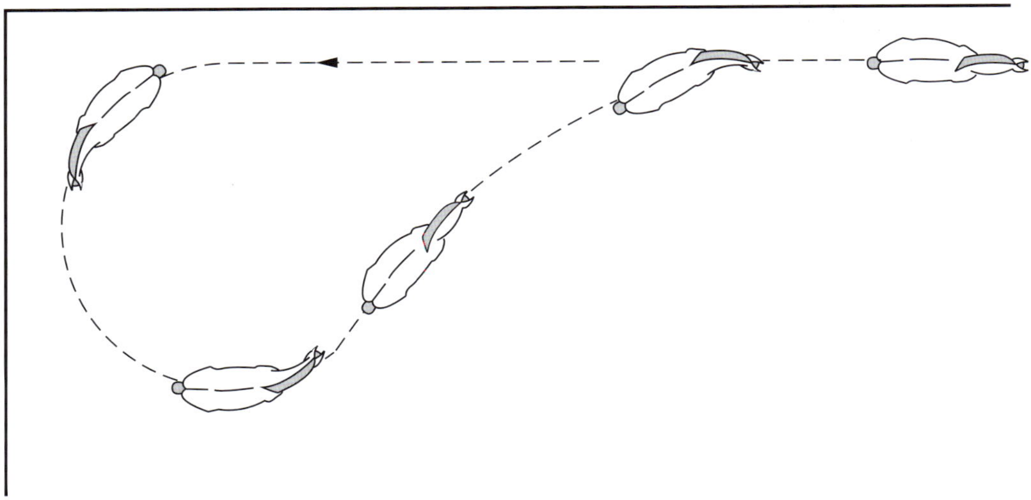

Reverse / Kehrtvolte

Jetzt noch einmal genauer: Wir reiten eine Kehrtvolte von der linken auf die rechte Hand. Wir reiten zunächst – wie bei allen »Programmierarbeiten« – im Schritt auf der linken Hand ganze Bahn. Wir halten dabei den linken Zügel etwas höher als den rechten. Die Zügelführung ist weiterhin lose. In der Ecke drehen wir unseren Oberkörper nach links und der linke Zügel bewegt sich leicht vom Hals weg und führt das Pferd in die vorgesehene Kehrtvolte. Nun führt der linke, immer noch höher gehaltene Zügel das Pferd zum Hufschlag zurück. Dort fast angekommen, lassen wir den linken Zügel wieder an die Schulter sinken und der neue innere (rechte) Zügel wird leicht höher gehalten und an den Hals gelegt, da wir uns nun auf dem Hufschlag auf der rechten Hand befinden. Wir wechseln langsam von einer leichten Biegung links in eine Biegung rechts.

Reverse kann man genauso an einer beliebigen Stelle auf dem Hufschlag durchführen, dafür müssen wir nicht bis zur nächsten Ecke reiten. Nachdem wir die Kehrtvolte ausgeführt haben, können wir die »magnetische Anziehungskraft«, die der Hufschlag auf unsere Pferde ausübt, ausnutzen.

Reverse in Pliestellung

Reverse in Pliestellung ist die erste Übung, bei der das Pferd nicht seiner Nase nachlaufen darf. Das Pferd soll nach innen gestellt über die neue

Kehrtvolte mit regulärer Abfolge der Kopfstellung. Deutlich zeigt der abgespreizte Zügel dem Pferd den Weg zum Hufschlag.

Der äußere Zügel begrenzt mit leichtem Druck gegen den Widerrist die noch äußere Seite.

Bei der Rückkehr zum Hufschlag sinkt der linke Zügel an den Widerrist; der rechte Zügel stellt den Kopf des Pferdes nun in die andere Richtung.

Das Pferd ist wieder gerade gestellt und beide Zügel sind auf gleichem Niveau.

Unbeeinflusst durch Zügel galoppiert der Vierjährige Hajati wie auf der Flucht in leichter Linksstellung auf der rechten Hand.

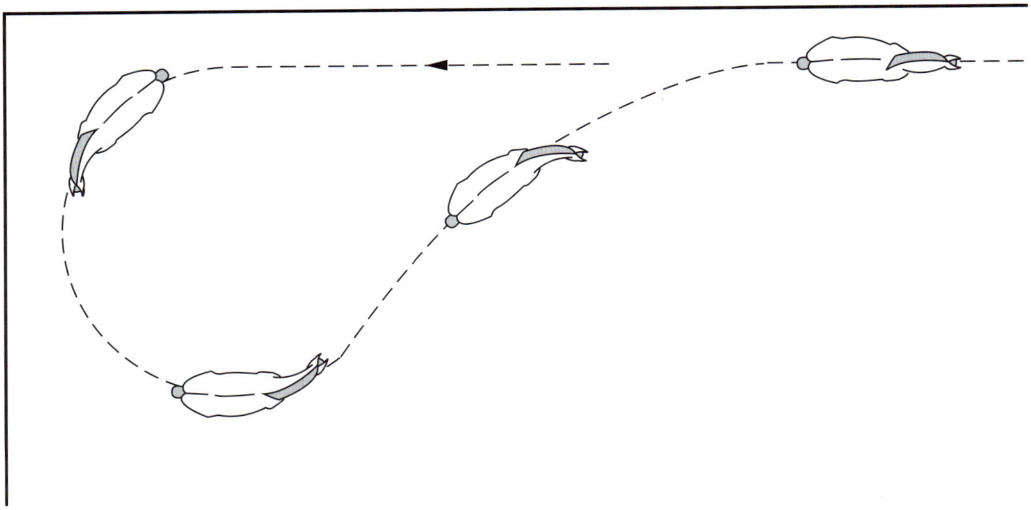

Reverse in Pliestellung. Der Kopf des Pferdes wird vorzeitig umgestellt.

äußere Schulter zum Hufschlag zurückkehren. Dabei wird wie beim Reverse auch die »Anziehungskraft« des Hufschlages ausgenutzt.

Warum spricht man hier von einer Pliestellung? Pliestellung ist die Stellung, die ein Pferd bei der Flucht einnimmt, also eine Stellung aus dem natürlichen Verhaltensspektrum eines Pferdes. Bei einer panikartigen Fluchtreaktion galoppiert das Pferd zum Beispiel links an, hält aber entgegen der eigentlichen Biegung seinen Kopf leicht nach rechts. Diese Pliestellung ermöglicht dem Pferd, mit der frei gewordenen linken Schulter besser auszuholen und weiträumiger greifen zu können. Genau diese natürliche Außenstellung machen wir uns für unsere Übungen zu Nutze. Dem Pferd fällt es also offensichtlich leichter, sich voll gebogen raumgreifend zu bewegen als hohl gebogen. Voll gebogen heißt gedehnt. Aus dieser Sicht betrachtet, sind all unsere Übungen für das junge Pferd zunächst Dehnungsübungen. Dehnen bedeutet wiederum, etwas zu verlängern. Erst nach den Dehnungsübungen sind versammelnde, verkürzende Übungen (hohl gebogen) sinnvoll. Vor diesem Hintergrund wird demnach klar:

Bei dem Reverse in Pliestellung wird die neue äußere Schulter frei gemacht (sprich: gedehnt).

Zusätzlich nutzen wir den Effekt, um dem Jungpferd den anliegenden Zügel im wahrsten Sinne des Wortes näher zu bringen. Es soll dem sanften Druck, der von der Hand und dem Zügel ausgeht, weichen oder sich gleichzeitig von innen begrenzen lassen. So, wie es später der äußere Zügel tut, wenn das Pferd seiner Nase nachläuft.

Das wäre dann sozusagen die Vorbereitung zum Neck-Reining.

Reverse in Pliestellung aus der Ecke

Wir reiten linke Hand auf dem Hufschlag bis zur nächsten Ecke. Bei der Einleitung der Wendung aus der Ecke wird der Kopf des Pferdes korrekt nach links gestellt. Während das Pferd weiterhin nach links zum Hufschlag zurückkehrt, wird der Kopf vorzeitig nach rechts de facto in eine Außenstellung gebracht. Das Pferd geht nach links, der Kopf zeigt nach rechts. Das geschieht durch leichtes Zupfen am rechten Zügel, der ebenfalls mit leichtem Druck gegen den Hals in Höhe des Widerristes gehalten wird. Der Zügel darf aber nicht über den Widerrist gezogen werden, daher muss vorher genügend nachgegriffen werden. Währenddessen führt der höher gehaltene und leicht abgespreizte, linke Zügel genau wie bei der vorherigen Übung Reverse das Pferd zum Hufschlag zurück.
Wenn man anfangs nicht zu viel Kopfstellung (Pliestellung) verlangt, wird das Pferd die Übung leicht verstehen. Unsere Körperhaltung ist während der Rückkehr zum Hufschlag genau synchron zur Mittelachse des Pferdes, es erfolgt also keine Drehung. Der linke Bügel wird zur Unterstützung belastet. Allein dadurch, dass wir den linken Zügel hoch und weit weg halten, tritt diese Gewichtsverlagerung nach links schon ein. Der rechte Schenkel liegt verwahrend am Gurt und verhindert so, dass das Pferd seiner Nase folgt. Im Grunde genommen geht das Pferd in leichter Außenstellung über die freie linke Schulter zum Hufschlag zurück. Es soll dabei vorwärts treten und nicht seitwärts übertreten. (Sie sollten nicht mit dem rechten Schenkel hinter dem Gurt drücken.) In dieser Übung wird »über die Schulter geritten«, um die Hinterhand zu stabilisieren und das Pferd flexibel in der Vorhand zu machen, das heißt unabhängig von der Kopfstellung.

Was ist das Besondere an Reverse in Pliestellung und worauf ist zu achten?

Bei Reverse in Pliestellung nach der Ecke geht das Pferd »über die Schulter«. Das »Über-die-Schulter-Gehen« ist nun die erste Übung, die das Pferd zwischen zwei Zügel »spannt«. Dabei blockiert in unserem Beispiel der rechte Zügel die rechte Schulter und stellt lediglich den Kopf. Der zweite, neue äußere Zügel führt das Pferd in die vorgesehene Richtung. Zum ersten Mal ist der stellende Zügel nicht mehr gleichzeitig auch der führende.
Das Pferd schaut nicht in die Richtung, in die es geht. So lernt es in jede beliebige Richtung zu gehen, egal, wie der Kopf steht. Diese Art Übung ist im Hinblick auf zentimetergenaues Reiten sowie für das spätere Neck-Reining (einhändige Zügelführung) von Bedeutung. Meistens haben die Pferde weniger Probleme damit als die

Reverse in Pliestellung ist die Schlüsselübung. Dem Pferd, mit einem Zügel den Weg zu zeigen, bedeutet nicht, dass es dort hinschauen muss. Das Pferd weicht dem mit leichtem Druck angelegten korrespondierenden Zügel. Es lernt dadurch, die begrenzende Wirkung eines Zügels zu verstehen.

Reiter. Für relativ ungeübte Reiter erfordert das schon eine große Konzentration. Alles muss wohl koordiniert sein.

Da so viele Dinge gleichzeitig zu beachten sind, schleichen sich schnell Fehler ein. Vor allem beim Zurückkehren auf den Hufschlag, muss auf Folgendes geachtet werden:

- Man sollte den Oberkörper nicht verdrehen.
- Man sollte keinesfalls in der rechten Hüfte einknicken – auch wenn die Versuchung groß ist.

Der rechte Zügel nimmt mit dem Pferdemaul Kontakt auf, um den Kopf vorzeitig umzustellen.

Der linke Zügel zeigt weiterhin den Weg. Der Oberkörper des Reiters bleibt parallel zu den Schultern des Pferdes.

- Man sollte konsequent den linken Bügel am Pferd leicht belasten, ohne ihn dabei wegzustrecken.
- Der rechte Zügel darf sich auf keinen Fall vom Hals entfernen.

Zu empfehlen ist, nachdem das Pferd über die Schulter gegangen ist, eine Kontrollübung anzuschließen. Der Sinn solcher Kontrollübungen liegt – wie schon gesagt – darin, zu überprüfen, ob das Pferd das, was es neu dazugelernt hat, auch richtig verstanden hat. Hier sollte es lernen, nicht seiner Nase nachzulaufen, sondern über die Schulter, entgegen seiner Kopfstellung, zu gehen. Es bietet sich an, nach einem Reverse in Pliestellung zur Kontrolle eine Volte durchzuführen. Also eine Lektion, bei der das Pferd wieder seiner Nase nachlaufen muss. Bei manchen Pferden kann das Verwirrung hervorrufen. Das Pferd wird unter Umständen versuchen, nach außen auszubrechen. Nun müssen wir ihm den Unterschied zwischen diesen Übungen klar werden lassen, was durchaus eine Weile dauern kann. Erst wenn wir im Wechsel Volten und das »Über-die-Schulter-Gehen« reiten können, ohne uns mit stark korrigierenden Hilfen abplagen zu müssen, hat das Pferd verstanden. Wir müssen nicht unbedingt genau bis zum Hufschlag zurückgekehrt sein, um eine Volte anzuschließen.

Schultervor und Eckenausreiten

Es gibt zwei Übungen, die sich aus dem »Über die Schulter gehen« entwickeln lassen: Das Schultervor und das Eckenausreiten. Obwohl es zwei unterschiedliche Übungen sind, stehen sie in direktem Zusammenhang. Die Hilfen erinnern teilweise an das »Über die Schulter gehen«, aber auch das Reiten der Volte sollte man sich dazu noch einmal vergegenwärtigen.
Beide Übungen bereiten uns und unser Pferd optimal auf das Schulterherein vor. Beim Schultervor wird der Kopf und die Schulter des Pferdes Richtung Reitbahnmitte gestellt, während sein Rumpf weiter auf dem Hufschlag entlanggeht. Gehen wir linksherum, wird es leicht nach links gestellt. Es entsteht ein leichter Versatz der Hufspuren, so dass der innere linke Vorderhuf etwas neben der Spur des inneren Hinterhufs fußt.
Hier wird sich nun herausstellen, ob wir bis jetzt alle Übungen geschickt aufeinander aufgebaut haben und nicht zu schnell vorgegangen sind. Das Pferd lernt beim Reiten der Lektion »Schultervor«, nun endgültig zwischen den Schenkeln zu bleiben und dem mit leichtem Druck gegen den Widerrist gehaltenen Zügel zu weichen. Der gewandte Reiter nutzt die Gunst der Stunde und betont das Gewicht entsprechend stark. So wird der Grundstein für spätere fast unsichtbare Hilfengebung (zum Beispiel Bügeltritt) gelegt. An dieser Stelle erfolgt der Übergang vom bloßen passiven Reiten, mit ausschließlich losen Zügeln, hin zum wesentlich aktiveren Gebrauch von Zügeln und Schenkeln, was einander bedingt. Verkürzte Zügel setzen auch immer, wie die Alten Meister es schon sagten, verstärkten Schenkeleinsatz voraus. Für unser Programm sind diese Übungen unentbehrlich, da sie nach meiner Auffassung wesentliche Zusammenhänge äußerst klarmachen und das junge Pferd recht schnell auf alle Hilfen einstimmen. Danach ist es leicht möglich, ein relativ junges Pferd zentimetergenau zu reiten und immer wieder zu korrigieren.
Gerade das Reiten von Schultervor birgt aber auch Gefahren in sich. Das Pferd soll natürlich nicht lernen, im

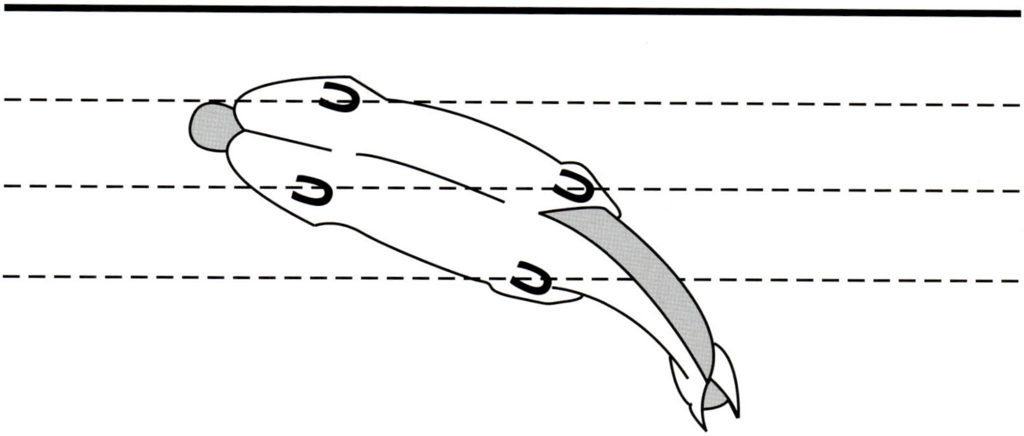

■ **Schultervor ist die Vorstufe zum Schulterherein. Das innere Hinterbein tritt mehr unter den Körper. Das innere Vorderbein hat ebenfalls einen weiteren Weg. Die innere Schulter wird entsprechend gymnastiziert. Außen wird das Pferd wie auf dem Zirkel gedehnt. Insbesondere wird die Halsmuskulatur flexibler. Die Gesamtabstellung zum Hufschlag ist noch gering.**

Normalfall über die äußere Schulter auszubrechen, um sich auf diese Weise dem Reiter zu entziehen. Sinngemäß gilt das auch für das später zu besprechende Schulterherein. Wir reiten daher grundsätzlich immer wieder Volten, wenn wir auf gerader Linie zum Beispiel auf dem Hufschlag das Stellen nach innen üben. Einerseits dienen diese Volten dazu, neuen Schwung zu holen und dem Pferd eine kurze Denk- und Erholungspause zu gönnen, andererseits sind sie als Kontrollübungen zu verstehen. Wir prüfen, ob das Pferd die Übung richtig verstanden hat und, sobald es gewünscht wird, auch wieder seiner Nase nachläuft. Weiterhin schult dieses den Reiter, korrekt wechselnde Hilfen anzuwenden und sich in Selbstdisziplin zu üben.

Wie reitet man das Schultervor?

Schultervor lässt sich aus dem »Über-die-Schulter-Gehen« erarbeiten. Es wird dem Pferd quasi erlaubt, über die Schulter geradeaus weiterzugehen, obwohl der Kopf nach innen, also zur Mitte der Reitbahn, gestellt ist. Wobei hier das Wort »erlaubt« noch nicht angebracht ist, denn das Pferd wird es zunächst nicht verstehen, wenn es nun nicht mehr seiner Nase folgen darf. Wir müssen es andersherum sagen: Wir untersagen es dem Pferd, seiner Nase nachzulaufen und veranlassen es, auf

■ **Schultervor am Hufschlag – noch muss der äußere Zügel abgespreizt die Richtung weisen.**

■ **Dhaly hat verstanden, was er tun soll. Deshalb kann die äußere Hand mit dem äußeren Zügel ohne Zug an die Schulter des Pferdes gelegt werden.**

dem Hufschlag kleben zu bleiben. Nehmen wir an, wir sind »über die Schulter« zum Hufschlag geritten und befinden uns auf der linken Hand. Der Pferdekopf soll nun mehr und mehr nach links gestellt werden. Die Anforderung erhöhen wir nicht an einem Tag, sondern in Laufe von einigen Lehrstunden.

Die Hilfen sehen wie folgt aus: Der linke Zügel ist stark verkürzt und wird gegen den Widerrist gedrückt. Den rechten Zügel hält man höher und weist dem Pferd so den Weg auf dem Hufschlag. Damit hier keine Gewichtsfehler passieren, darf er tatsächlich noch mit ausgestrecktem Arm hochgehalten werden. Das gilt aber nur in der ersten Lernphase, denn das Pferd wird außen durch die Reitbahnbegrenzung auf gerader Linie gehalten. Das verhindert das Einknicken in der linken Hüfte und bringt automatisch Druck in den rechten Steigbügel, was nun immens wichtig ist. Der linke Schenkel am Gurt hält das Pferd mit leichtem Druck am Hufschlag, während unser Oberkörper und die Hüfte absolut parallel zur Längsachse des Pferdes gehalten werden. Falls wir uns dabei durch zu intensiven Schenkeldruck auch in der Hüfte drehen, kommt eine Art starkes seitliches Übersetzen zu Stande, welches wir nicht wollen und was auch für diese Übung falsch ist.

Wenn das Pferd einmal verstanden hat, worum es hier geht und alle Hilfen willig akzeptiert, ist es nicht mehr nötig, den rechten äußeren Zügel hochzuhalten. Wir lassen ihn dann tiefer sinken und halten ihn locker an die Schulter des Pferdes. Der Übergang ist geschafft.

Das Pferd hat die Funktion und Wirkungsweise von Zügeldruck (durch Zügelzug) und dem losen Zügel verstanden und es bedarf nicht mehr eines aktiv zeigenden bzw. führenden Zügels. Das Pferd achtet mehr und mehr auf unsere Körpersprache. Auch das »Über die Schulter reiten« führen wir nun ohne übertriebene Hilfen aus. Überhaupt verliert diese Übung ihre Bedeutung, sobald wir das Schulterherein beherrschen.

Ausblicke – Hartmut Luther mit seinem Lusitano im Travers.

Wichtig ist, dass das Pferd versteht, was es tun soll, nicht dass wir diese Übungen gnadenlos wiederholen. Das Pferd lernt schneller als wir!

Strengen wir uns also an, diese Chance nicht zu verpassen, unserem Pferd Dinge ohne großen Druck beizubringen.

So soll es später nicht mehr aussehen. Das Eckenausreiten als Übung.

Als genauso sinnvoll kann es sich erweisen, aus dem »Über-die-Schulter-Gehen« direkt das Eckenausreiten zu entwickeln. Auch diese Übung ist eine nützliche Vorübung für das Schulterherein. Beim Eckenausreiten wird der aktive Einsatz von Schenkel und Zügel notwendig. So soll dem Pferd die Verbindung zwischen Schenkel- und Zügelhilfen mit der Biegung in der Ecke begreiflich gemacht werden. Wir reiten bis in die Ecke und wenden dann die Hilfe für eine angedeutete Volte an. Das Pferd möchte sich aber nicht biegen und läuft seiner Nase nach. Es wird die Ecke wie eine steife Dachlatte abkürzen wollen. Einige Pferde werden sich bedrängt fühlen – zum einen durch die Ecke und zum anderen durch den Schenkel, der sie in der Ecke hält – und versuchen, schnell aus der Ecke zu flüchten. Sie fühlen sich getrieben. Doch nach einiger Zeit lässt dieser Effekt nach.

Wir reiten auf dem Hufschlag linke Hand und führen unser Pferd Richtung Ecke. Kurz vor Erreichen der Ecke wird der linke Zügel gegen den Widerrist gedrückt (nicht darüber gezogen) und so der Kopf des Pferdes gestellt. Der linke Schenkel wird am Gurt gegen den Pferdeleib gedrückt. Der äußere Zügel führt das Pferd in die Ecke und wird leicht höher, abgespreizt vor dem Widerrist gehalten. Der rechte Bügel wird belastet und das Bein hinter dem Gurt angelegt. Dadurch wird verhindert, dass das Pferd mit der Hinterhand nach außen drängt, was natürlich jedes ungymnastizierte Pferd zunächst tun wird. Erst in der Ecke werden Oberkörper und Hüfte nach links gedreht. Dabei muss darauf geachtet werden, dass man nicht in der Hüfte einknickt. Unmittelbar danach gibt man mit beiden Zügeln nach.

Diese Methode hat einen erzieherischen Effekt und zudem eine gymnastizierende Wirkung. Man stellt bald fest, dass beim Nachgeben der Zügel der Kopf des Pferdes eine schöne Stellung einnimmt und ohne Kraft beigezäumt wird. Wenn das Pferd das begriffen hat und genügend gymnastiziert ist, kann die Ecke auch wieder als Viertelvolte begriffen werden und sich die Zügelhilfen auch wieder ändern. Sie entsprechen den Hilfen bei der Volte.

Man kann das Eckenausreiten auch gut mit dem Schultervor kombinieren. Es bietet sich zum Beispiel an, unmittelbar aus dem Eckenausreiten ein Schultervor zu beginnen.

Schultervor auf gerader und gebogener Linie ohne Anlehnung

Wenn das Schultervor am Hufschlag klappt, ist die Zeit gekommen, diese Übung zu vertiefen und zu verfeinern. Hierbei lassen sich sehr schöne Kombinationsmöglichkeiten entwickeln. Wir

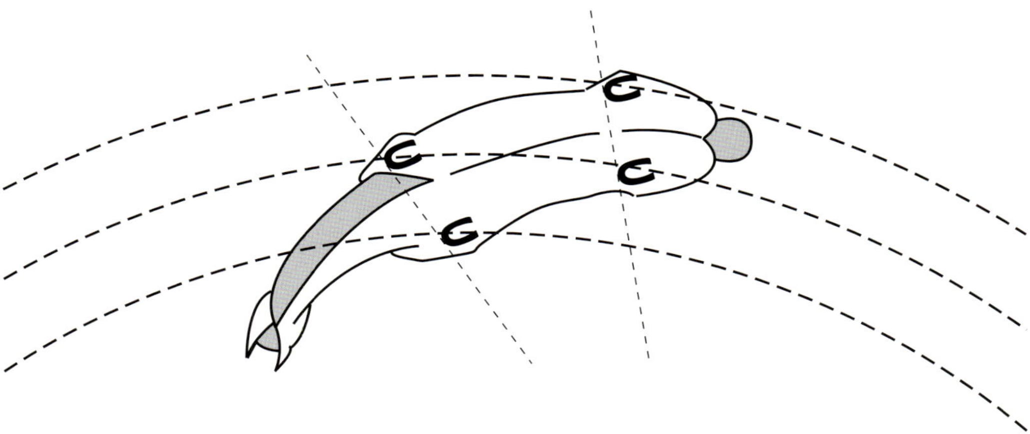

Schultervor auf gebogener Linie holt das innere Hinterbein unter den Pferdekörper. Für eine besondere Ausführung ist die Voraussetzung, dass das Pferd sich auf einem Zirkel oder einer Volte bereits biegt. Ein stärker nach innen gestellter Kopf erleichtert die Übung.

Bei dieser Variante des Schultervor ist die leichte Abstellung des Pferdes deutlicher zu erkennen als am Hufschlag. Das innere Hinterbein folgt der Spur des äußeren Vorderbeins.

versuchen nun, diese Lektion ohne Anlehnung zu reiten.

Dazu wollen wir überprüfen, ob das Pferd auf Schenkel- und Zügeldruck sowie Gewicht reagiert. Wenn wir das Schultervor auf gerader Linie üben, lassen wir den äußeren Zügel sinken und sehr locker an der Schulter des Pferdes liegen. Wir üben zusätzlich nur Druck gegen den Hals bzw. den Widerrist aus, wenn das Pferd versucht, über die Schulter zum Hufschlag abzudriften. Versucht es in Richtung seiner Kopfstellung zu gehen, wird der Druck außen wieder völlig aufgegeben und der Druck mit der Hand innen am Hals erhöht. Ebenso wird natürlich das Gewicht in die entsprechende Richtung verlagert. Das Pferd wird versuchen, sein Gleichgewicht wiederzuerlangen und unter sein Gewicht zu treten. Nur noch gelegentlich müssen wir mit ganzem Körpereinsatz und weit nach außen abgespreizten Zügeln Verständigungsproblemen abhelfen. Gelingt das überhaupt nicht, so entlassen wir das Pferd in die Kopfstellungsrichtung und reiten eine Volte, aus der wir dann erneut ansetzen können. Allerdings darf man das nicht zu oft wiederholen, weil das Pferd sonst ständig in eine Volte entlassen werden möchte und so die Übung unterbrechen will. Konsequenz ist auch hier oberstes Gebot.

Die Übung bietet sich entlang der Pylonen parallel zur Mittellinie an, wobei wir von vornherein jeweils reguläre Volten um die Pylonen einbauen können.

Da das Pferd geradeaus gehen soll, ist es wichtig darauf zu achten, dass unser Körper sich nicht dreht und die eigenen Schultern parallel zu den Schultern des Pferdes bleiben.

Trotz alledem werden die Hinterhufe nicht ganz genau in die Spuren der Vorderhufe fußen. Kaum ein junges und ungymnastiziertes Pferd wird bei stärker eingestelltem Kopf seinen Körper genau geradehalten können. So, wie wir Menschen bei stärkerer Beugung des Kopfes auch schon die ersten Rückenwirbel mitbewegen oder die Rippen bereits etwas zueinander bewegt werden. Durch den gymnastischen Vorgang beim Pferd entsteht das Schultervor, wobei etwa eine 15-Grad-Abstellung zur gedachten Geraden entsteht. Die innere Schulter des Pferdes steht also ein wenig nach innen. Insbesondere auf einem Zirkel oder einer Volte tritt dieser Effekt noch stärker zu Tage, da der Pferderumpf ohnehin gebogen ist.

Das Schultervor auf gebogener Linie (Volte oder Zirkel) wird sinngemäß wie auf gerader Linie ausgeführt. Mit dem einzigen Unterschied, dass unser Körper sich in die Bewegungsrichtung dreht. Der Pferdekopf schaut weiter nach innen, als das Pferd insgesamt gebogen ist. Daher könnte man diese Übung auch als »Überstellen« bezeichnen. Für steife Pferde eignet sich das zur Gymnastizierung außerordentlich gut.

Wenn das Pferd sich nicht ausreichend biegen kann, drängt die Hinterhand sogar nach außen und das Pferd tritt mit den Hufen in verschiedenen Spuren – daraus entsteht ein ungewolltes »Pseudo-Schulterherein«. Das Pferd wird zwar auf eine gewisse Art gymnastiziert, tritt aber im Prinzip mit den Hinterbeinen außen zu stark weg und kreuzt. Eine wirkliche Biegung entsteht nicht. Das innere Hinterbein tritt nicht genügend unter den Rumpf und nimmt auch kein Reitergewicht auf. Wollen wir ein korrektes Schultervor reiten, müssen wir das »Pseudo-Schulterherein« konsequent verhindern. Dazu halten wir mit dem

Ruth zeigt mit Dhaly ein korrektes Schultervor auf dem Zirkel.

äußeren Schenkel hinter dem Gurt gegen und nehmen die innere Hüfte vor.

Zirkel vergrößern und verkleinern

Nachdem wir das Programm bis hierher absolviert haben, ist es uns nun möglich, genauer zu reiten. Damit sind wir technisch auch dazu in der Lage von einer vorgegebenen gebogenen Linie, zum Beispiel einer Volte, nach rechts oder links abzuweichen. Diese gewollte, kontinuierliche Abweichung nach innen oder außen ist im Idealfall eine Schneckenbewegung oder eine spiralförmige Bewegung um einen Punkt X.
Die gymnastizierende Wirkung dieser Übung darf nicht unterschätzt werden, dient sie nicht zuletzt auch als mögliche Ausgangsübung zum Schulterherein. Aber sie ist auch eine Art Kontrollübung, welche beweist, ob unser Ausbildungspferd es verstanden hat. Hier übt sich der Zusammenhang zwischen Technik und Gefühl und es zeigt sich, ob es eine erste Feinabstimmung zwischen Pferd und Reiter gibt. Einfacher ausgedrückt: Feine Hilfen – feine Spiralen, grobe Hilfen – grobe Spiralen. Sind wir in der Lage, den Zirkel feinfühlig und langsam oder lediglich schnell und grob zu verkleinern bzw. zu vergrößern? Zum Vergrößern des Zirkels linksherum legen wir den inneren, verkürzten Zügel mit etwas Druck gegen den Widerrist. Der Pferdekopf ist nach links gestellt. Der innere Schenkel liegt am Gurt, mit entsprechendem Druck in die vorgesehene Richtung nach außen. Der rechte Zügel gibt die rechte Schulter des Pferdes frei und wird je nach Ausbildungsstand mehr nach außen geführt, sowie auch leicht höher gehalten als der innere. Bei fein gerittenen Pferden genügt oft eine Bewegung weg vom Widerrist, die etwa der halben Halsbreite entspricht. Wir erinnern uns hier an das Eckenausreiten bzw. »Über-die-Schulter-Reiten«. Der rechte Gesäßknochen und Steigbügel wird leicht belastet. Wie auch sonst auf gebogenen Linien, muss die äußere Schulter vor und die innere zurückgenommen werden, und das Pferd soll unter das Gewicht treten. Um dem Ganzen noch einen letzten Schliff zu geben, gehen wir auf jeder kontinuierlich gebogenen Linie, welche wir reiten, mit der inneren Hüfte leicht vor und erreichen somit die richtige Lage der Schenkel. Wir bleiben gerade sitzen, ohne in der Hüfte einzuknicken. Nun bewegt sich das Pferd auf einer gebogenen Linie in Form einer Spirale vorwärts, so dass wir auf den Hufschlag gelangen.
Beim Verkleinern der Volte gilt entsprechend Gegensätzliches. Wir drehen uns stärker nach innen, somit führt auch der innere Zügel in die schneckenförmige Bewegung nach links. Der äußere Zügel wird mit vermehrtem Druck gegen den Widerrist gelegt. Je kleiner die Volte letztlich werden soll, um so extremer muss unser Körper sich drehen. Der Druck des

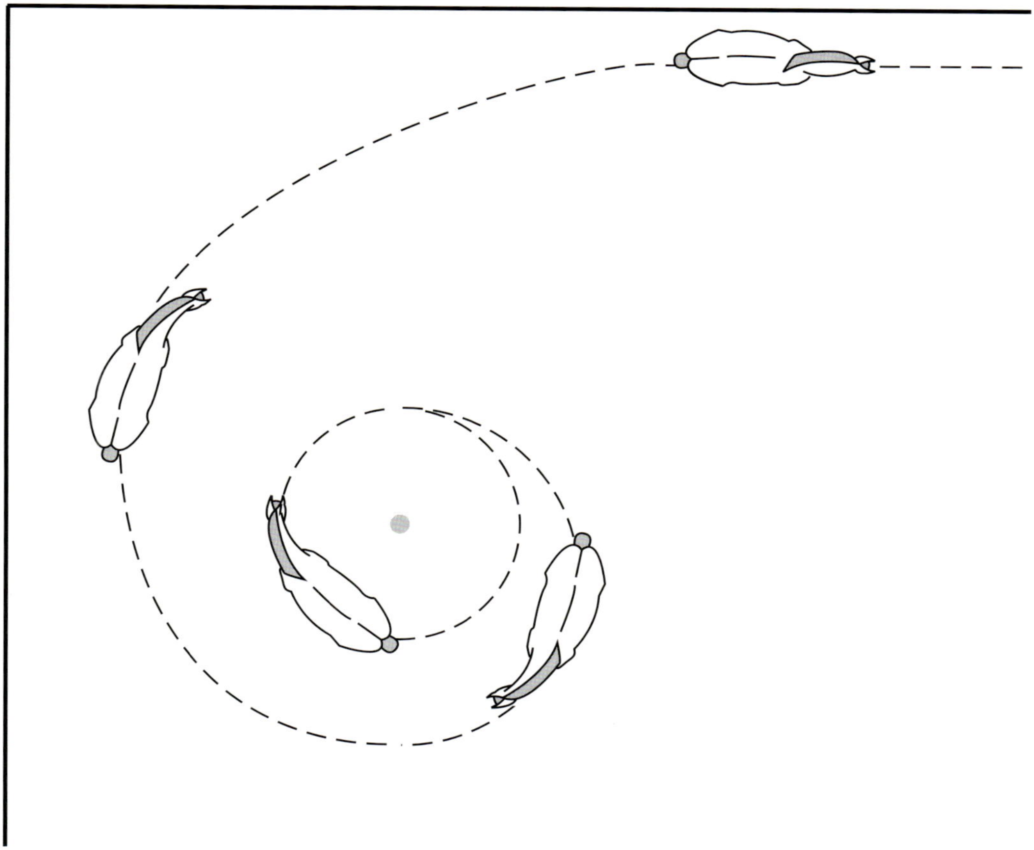

Einfaches Vergrößern – der etwas stärker gestellte Kopf in der Volte wird beibehalten, so dass das Pferd über die Schulter geht, bis es den Hufschlag erreicht hat. Das Pferd soll dabei nicht seitlich übertreten. Das wäre dann die fortgeschrittene Variante.

äußeren Schenkels erhöht sich, während der innere Schenkel locker am Gurt liegt und der Bügel leicht belastet wird. Der Bügeltritt innen ist aber eher eine untergeordnete Hilfe.

Bei sehr kleinen Volten, die noch schwierig auszuführen sind, muss getrieben werden, damit das Pferd nicht stehen bleibt. Vor allem, wenn wir das im Trab probieren. Wichtig ist auch, dass der Kopf des Pferdes konsequent, immer stärker nach innen gestellt wird. Eine gute Übung im Hinblick auf eine dynamische Biegung zur Förderung des Untertretens der Hinterhand.

Dhaly vergrößert über die Schulter zum Hufschlag.

Die Vorhandwendung

Im Grunde müsste man die Begriffe Vorhand- und Hinterhandwendung tauschen. Denn die Vorhandwendung ist nicht etwa die Wendung der Vorhand um die Hinterhand, sondern umgekehrt. Die Vorhandwendung definieren wir als die Bewegung der Hinterhand um die Vorhand, genauer sogar um das innere Vorderbein. Wenn es sich nach links entgegen dem Uhrzeiger bewegen soll, wäre dies das linke Vorderbein. Dieses steht sozusagen still. Kaum jemand hat im Laufe der Zeit danach gefragt. Nun, nehmen wir es so hin. Nur der Vollständigkeit halber sei diese auch erklärt, denn eigentlich beherrscht sie jedes Pferd, denn es gilt die Maxime: Pferde biegen sich nicht gerne und das kann man sich hier zu Nutze machen.

Wie geht das?

Diese Übung ist relativ einfach, so dass wir auf komplizierte Erklärungen verzichten können. Da der Drehpunkt vorne ist, fixieren wir die beiden Zügel am Widerrist.
In Kursen versuche ich dann, die absolut minimalistische Erklärung zu bringen: »Dreht Euren Oberkörper einfach in die Richtung, in die Ihr drehen wollt und haltet zusätzlich die Zügel ganz eng zusammen. Das ist sozusagen das Gleiche wie die Körperspra-

che mit Zügeln rückwärts, nur eben mit dem Körper und den Beinen.«
Unbewusst drückt das rechte Bein das Pferd hinten nach rechts, wenn ich mich nach rechts drehe. Manchmal funktioniert es tatsächlich auf diese einfache Weise. Im nächsten Schritt bevorzuge ich dann doch die kompliziertere Variante, indem ich sage: »Verkürzt den rechten Zügel und legt das rechte Bein nach hinten. Nun folgt eine kleine Bewegung des Oberkörpers samt Beinen in die vorgedachte Richtung. Als Widerlager muss natürlich der linke Zügel gegengehalten werden, um das Pferd mit der Vorhand auf der Stelle zu halten.
Ich verzichte sehr gern am Anfang der Ausbildung auf die Vorhandwendung, da sie leicht Verwirrung stiftet und das Pferd eine Flaschendrehung anbietet, egal, welche der beiden Wendungen verlangt wird.
Da sich unsere Reitweise aus einer Arbeitsreitweise entwickelt hat, in der schnelle Bewegungen des Pferdes gefordert werden, bevorzuge ich die Hinterhandwendung als Basis. Denken wir nur an ein Pferd beim Stierkampf. Hier wird eine gesprungene

Der linke Zügel wird verkürzt, der rechte Zügel fixiert die Vorhand am Platz, während der Oberkörper der Reiterin sich dreht und mit dem linken Sporn die Hinterhand zum Seitwärtstreten animiert.

Hinterhandwendung verlangt, denn es ist keine Zeit, das Pferd anzuhalten und eine Vorhandwendung durchzuführen. Auch Galopp-Pirouetten basieren letztlich auf der Bewegung der Vorhand um die Hinterhand.

Vorhandwendungen sind erst gefragt, wenn das Pferd beim Trail rückwärts durch ein Stangen-L oder Ähnliches gehen soll. Dafür ist es an dieser Stelle noch zu früh, der Vollständigkeit halber habe ich sie aber hier erklärt.

Mein Tipp

Wenn es während der Ausbildung Probleme mit der Annahme des Schenkels gibt, ist die Vorhandwendung gut geeignet, dies zu beheben. Durch das Herumnehmen des Pferdekopfes, ist es dem Pferd fast nicht möglich sich zu verweigern. Aber das ist nur eine Maßnahme bei hartnäckiger Annahmeverweigerung des Schenkels. Im Extremfall nennt man das dann Mühle. Mehrmaliges Drehen um die Vorhand wird als Strafmaßnahme eingesetzt. Auch ich mache in wirklich gerechtfertigten Fällen davon Gebrauch.

Die Hinterhandwendung ... einmal anders erklärt

Die Hinterhandwendung (Wendung um den inneren Hinterfuß, auch Pivotfuß genannt) ist sicher schwieriger als die Vorhandwendung, dennoch behandeln wir sie immer mit Vorzug. Die Gründe liegen darin, dass wir uns als Freizeit- und Geländereiter stärker an der traditionellen Arbeitsreitweise der spanischen Hirten oder der amerikanischen Cowboys orientieren und die Wendung auf der Hinterhand auch der Grundstein für turniermäßiges Westernreiten ist. Dort wird oft ein Roll-Back oder ein Spin verlangt. Der Roll-Back ist eine Art gesprungene 180-Grad-Wendung, die in der Reining (Western-Dressur) gefordert wird. Diese Dressurübungen werden grundsätzlich im Galopp geritten. Der Spin ist eine 360-Grad-Wendung um die Hinterhand, welche in der spanischen Vaquero-Reitweise eher gesprungenen Charakter hat, ähnlich einer Galopp-Pirouette. Im Westernsport wird sie heute lieber flach, schnell und möglichst spektakulär gesehen und entspricht daher einer gelaufenen, flachen Bewegung, die immer aus dem Stand eingeleitet wird.

Wenden wir uns aber der »normalen« 180-Grad-Wendung im Schritt und seinen Hilfen zu. Dazu wird der Hufschlag benutzt. Damit ist das »Ausweichen nach hinten«, einer der gravierendsten Fehler, nicht möglich.

Alles im Gleichgewicht.

Folgendes Bild ist für unser Verständnis sehr hilfreich: Stellen wir uns vor, wir wollen ein relativ leichtes Brett hochkant tragen und dieses dann von rechts nach links bewegen. Dazu müssen wir zunächst unseren eigenen Schwerpunkt leicht nach hinten verlagern, sozusagen auf den Drehpunkt. Um nicht das Gleichgewicht zu verlieren und das Brett nicht ins Schwanken zu bringen, müssen wir Arme und Schultern auch während der Drehung waagerecht halten. Auch dürfen wir die Bewegung nicht allzu schnell ausführen, damit wir den Drehpunkt aus Kompensationsgründen nicht verlassen müssen und so einen Ausfallschritt vermeiden.

Ganz ähnlich verhalten wir uns auf dem Pferd. Der Kopf des Pferdes steht gerade oder ist leicht nach außen gestellt. Das hat den Vorteil, dass wir, wenn wir noch nicht ganz so geübt sind, einen Ausfall der Hinterhand vermeiden. Der Grund: Pferde wollen sich nicht biegen!

Nach einigen Monaten des Übens bewegt sich auch der Kopf des Pferdes leicht nach innen.

Der äußere Schenkel liegt mit leichtem Druck am Gurt und treibt in Bewegungsrichtung. Sehr oft wird dieser Schenkel in der letzten Phase der Drehung vernachlässigt und sofort passiert das, was eigentlich vermieden werden sollte. Das Pferd macht einen oder sogar zwei Schritte vom Hufschlag weg. Also: Konsequenter Schenkeldruck bis zum Ende der Wendung.

Der innere Zügel wird in die vorgesehene Richtung und ca. 30–40 cm seitlich herausgeführt. In diesem Fall sprechen wir von innen, weil das Pferd später seinen Kopf in Bewegungsrichtung stellen soll. Während der ersten Übungszeit darf der »vorangestellte« Kopf des Pferdes seine Position in leichter Gegenstellung nicht verlassen, das heißt er darf nicht herumgezogen werden. Es handelt sich um ein langsames Führen!

Vornämlich der äußere Zügel verhindert ein Vortreten des Pferdes und erhält die geringfügige Außenstellung des Kopfes für die Dauer der gesamten Wendung. Am allerbesten begnü-

■ Bis zu Galopp-Pirouette ist es noch ein weiter Weg. Aller Anfang beginnt mit dieser Hinterhandwendung.

■ Um im Gleichgewicht zu bleiben, muss der Reiter deutlich in die Bewegungsrichtung mitsitzen.

■ Die ersten 90° gelingen oft ohne Schwierigkeiten.

■ Jetzt wird es schwieriger, Hajati versucht nach vorne wegzutreten. Durch das Verkürzen der Zügel wird er daran gehindert. Die 180° sind fast geschafft.

gen wir uns wirklich immer mit wenigen Schritten in die richtige Richtung und halten dann an. So verhindern wir das so genannte Antizipieren (Vorwegnahme der Übung nach dem Motto: »Ich weiß schon«.) Oftmals passieren dann Flüchtigkeitsfehler.
Die Übung muss kontrolliert und daher langsam geübt werden. Unsere Haltung auf dem Pferd muss absolut gerade sein. Ein Einknicken in der inneren Hüfte würde automatisch den inneren Schenkel ans Pferd drücken und den Ausfall der Hinterhand begünstigen. Der linke Bügel sowie der linke Gesäßknochen sollen bei einer Linkswendung am Gurt leicht belastet sein. Das Bein darf nicht weggestreckt werden, sonst würde man schnell in einen Außensitz geraten. Die Folge wäre eine unkorrekte Gewichtshilfe zur rechten Seite. Das Pferd soll bekanntermaßen unter das Gewicht treten und nicht vor uns hergeschoben werden. Das würde bedeuten, dass wir ständig hinter der Bewegung säßen. Also kurz und knapp noch einmal gesagt: Die rechte (hier die äußere) Seite wird begrenzt durch Schenkel und Zügel. Wir erhalten die gerade oder leichte Außenstellung des Kopfes und verhindern das Ausfallen der Hinterhand. Unser Körper bewegt sich mit unseren Schultern in die vorgesehene Richtung, wir knicken in der Hüfte nicht ein. Keine Drehung des kompletten Oberkörpers! Wir denken an das Brett, welches hier durch den Hals des Pferdes ersetzt wird und verlagern unser Gewicht durch Abkippen des Beckens nach hinten auf den Drehpunkt. Im Grunde genommen entspricht jede Bewegung unseres Körpers nach vorne, hinten oder zur Seite der Wirkung eines »Joysticks«. Also nicht herumrühren, weder nach vorne, noch zu sehr nach hinten oder übertrieben zur Seite. Das Geheimnis liegt am Anfang der Lernphase in der langsamen Ausführung. Spätestens hier fängt intensives Nachdenken an, nur dann kann unser Pferd verstehen, was verlangt wird.
Wenn wir einige Zeit nach diesem Konzept vorgehen, werden wir plötzlich feststellen, dass unser Partner Pferd wie von selbst die Beine am Hufschlag hält und auch nicht mehr nach vorne drängt.
Dann ist die Zeit gekommen, diese Übung flüssig durchzuführen, entweder direkt mit der 180-Grad-Drehung oder in der unterteilten Fassung: 90-Grad-Drehung – anhalten – sich neu ordnen – die zweite 90-Grad-Drehung.
Die größte Schwierigkeit bereitet, wie schon beschrieben, die zweite Hälfte. Ein kleiner Trick hilft, wenn die Hinterhand nicht am Platz bleiben will: Nach der Hinterhandwendung nur ganz kurz stehen bleiben und dann sofort wieder nach vorne gehen. Dadurch lernt das Pferd, dass es sich nicht lohnt, mit der Hinterhand erst den Hufschlag zu verlassen, da es gleich wieder aktiv werden muss. Pferde teilen gerne ihre Energien ein! Ohnehin darf man nie hin- und herdrehen, ohne dazwischen das Pferd ein paar Schritte vorwärts gehen zu lassen. Es besteht Gefahr für die Beine

bzw. für die Gelenke und zusätzlich werden die Pferde »immer länger«!

Möglicher Aufbau einer Lerneinheit

Der Aufbau einer Trainingsstunde könnte folgendermaßen aussehen:

1. Teil – kurze Arbeit an der Hand
(ca. 5–10 Minuten)

- Sie führen das Pferd von der linken Seite und bauen einige abrupte Stopps ein, um die Aufmerksamkeit des Pferdes zu erhalten.
- Sie lassen das Pferd rückwärts richten und aus dem Rückwärts ohne Übergang wieder nach vorn in den Schritt oder sogar Trab antreten.
- Bauen Sie Volten an der Hand ein.
- Lassen Sie das Pferd in einem ruhiger Jog gehen. Fügen Sie Übergänge zu einem schnelleren Tempo und gelegentlich zum Anhalten und Verharren bei Rückkehr zum Hufschlag hinzu.
- Stellen Sie den Kopf des Pferdes zum Entspannen tief.
- Bauen Sie kurze Refexions-Pausen nach dem Anhalten ein.
- Das Pferd sollte bei den Übungen Gelassenheit zeigen (also nicht den Kopf hochreißen), sonst setzen Sie die Anforderungen wieder niedriger an.
- Bauen Sie Handwechsel ein und führen Sie das Pferd von der rechten Seite. Machen Sie auf dieser Hand ähnliche Übungen.
- Führen Sie das Pferd zum Schluss zu einem Ruhepol.

2. Teil – Übungen im Sattel
(ca. 20–30 Minuten)

- Steigen Sie an einem Ruhepol – eventuell auf der Mittellinie – auf.
- Reiten Sie im Schritt am losen Zügel einmal links und rechts auf dem ersten Hufschlag um die Reitbahn.
- Zeigen Sie dem Pferd, dass keinerlei Veränderung stattgefunden hat.
- Dazwischen wechseln Sie durch die Bahn.
- Reiten Sie auf beiden Händen mehrmals große Zirkel.
- Gehen Sie aus dem letzten Zirkel zu Volten um die Pylone über.
- Wechseln Sie durch die Bahn und machen Sie ebenfalls Volten um die Pylone.
- Achten Sie auf eine korrekte Kopfstellung und fleißiges Schritttempo, es sollte aber keinesfalls hektisch sein.
- Reiten Sie ganze Bahn am Hufschlag entlang. Halten Sie gelegentlich an, und lassen Sie das Pferd am losen Zügel ruhig stehen.
- Reiten Sie das Mäandermuster und das Mäandermuster mit Mittelvolten.
- Bauen Sie eine kurze Schrittpause am hingegebenen Zügel ein.
- Bei nicht so geübten Pferden reiten Sie diese Übungen nun im ruhigen Trab. Achten Sie auf gleich-

mäßiges Tempo und auf eine äußerst korrekte Seitenhaltung des Kopfes. Das sollte reichen!

- Mit weiter ausgebildeten Pferden reiten Sie nun zunächst Volten im Schritt und bauen das Schultervor auf der dazwischen liegenden Geraden ein.
- Das Schultervor wird erst auf dem Zirkel im Schritt und dann im Trab geritten.
- Sie können dann das Tempo verstärken und darauf mit sehr leichter Abstellung am Hufschlag das Schultervor reiten. Nehmen Sie an der kurzen Seiten das Tempo wieder zurück.
- Machen Sie Volten um die Pylone und vergrößern Sie sie jeweils zum Hufschlag hin.
- Danach reiten Sie Schlangenlinien zwischen den Pylonen hin und zurück. Gehen Sie dann ganze Bahn und reiten Sie im Schritttempo die Ecken aus.
- Reiten Sie mehrere Kehrtvolten (Reverse). Danach bleibt das Pferd in Außenstellung.
- Gehen Sie immer wieder ganze Bahn, halten Sie an und lassen Sie Ihr Pferd eine Hinterhandwendung machen.
- Traben Sie immer wieder an und parieren Sie durch zum Halten.
- Richten Sie Ihr Pferd wenige Male rückwärts, keinesfalls nach jedem Anhalten.
- Ist das Pferd schon etwas weiter, kann ganze Bahn und dann jeweils ein oder zwei Runden auf dem Zirkel galoppiert werden.
- Danach gehen Sie noch einmal eine lange Seite in einen ruhiger Trab und parieren dann durch zum Schritt. Lassen Sie die Zügel nun lang. Steigen Sie am Ruhepol ab.

Seitengänge: Gymnastik par Excellence

Seitengänge sind die effektivste Art ein Pferd zu gymnastizieren und es kann sogar zur Kunst avancieren. Ein Pferd, das leicht durch die Bahn traversiert, sieht erhaben aus. Auch wenn es bis dahin ein langer Weg ist, macht es Pferd und Reiter einfach Spaß.

Im Grunde haben wir ja im Verlauf der Arbeit mit unserem Jungtier bereits mit den Seitengängen begonnen, nämlich dem Schulterherein in geringer Abstellung. Wir haben es zur sinnvollen Unterscheidung als Schultervor bezeichnet, was durchaus üblich ist. Allerdings aufgrund der noch geringen Biegefähigkeit, sollte das Pferd noch nicht vollständig seitwärts übertreten. Es sollte vermieden werden, dass es sich zwar seitwärts bewegt, aber der Biegung entzieht, indem es wie eine »Dachlatte« nur seitlich wegtritt. Jetzt aber, nach frühestens einem halben oder sogar einem Jahr, in dem wir das Pferd soweit gymnastiziert haben, ist eine stärkere Abstellung bis zu 45 Grad möglich geworden. Das bedeutet ein Beinpaar geht auf dem ersten und das andere Beinpaar auf dem zweiten Hufschlag. Wir können nun nach dem Schulterherein an den Seitengängen wie dem Travers, der Traversale und – wenn diese später hohlgebogen gelingen – sogar am Renvers arbeiten.

Die Pferde werden veranlasst, die Hinterbeine, unter Beachtung der genauen Abstellung zum Hufschlag, wesentlich weiter unter den Körper zu nehmen und somit zu lernen, die Tragkräfte der Hinterhand vermehrt wirken zu lassen. Die Hinterhand ist in der Lage, durch vermehrtes Untertreten und Anwickeln (Beugen), einen Teil der Last, die sonst auf den Vordergliedmaßen liegt, mitzutragen.

Das ganze Pferd biegt und verkürzt sich, der Rücken wird leicht gewölbt, so dass die Last des Reiters wesentlich besser verkraftet wird. Unabdingbar für ein langes, gesundes Pferdeleben ist selbstverständlich eine schonende Reitweise, für die wir hier den Grundstein legen.

Letztlich steht hinter all dem das Ziel, eine erhöhte Beugung der Hanken als Resultat erhöhter Versammlung zu erwirken. Die Seitengänge begünstigen dieses Ziel jeweils durch ihre besonderen Eigenschaften. Die Vorderbeine sind starr und haben keinerlei federnde Wirkung, da ihnen das Sprunggelenk fehlt. Also ist die einzige Möglichkeit, ein Pferd schonend zu reiten, es optimal in der beschriebenen Weise zu gymnastizieren und möglichst das Reitergewicht so zu verteilen, dass die Federkraft der Hinterhand dafür verwendet wird.

Hartmut Luther und Jacu im Einklang. Traversale im Trab.

Besonders ein Reitmeister der klassischen Reitkunst hat uns Bedeutendes hinterlassen: Nicht nur ein Werk, sondern vor allem seine Lektion Schulterherein. Sein Name ist François Robichon de la Guérinière (1688-1751). Sein Wissen wurde auch Grundlage so

■ **Wir arbeiten daran: Ruth, Hartmut und Hajati.**

berühmter Schulen wie der Spanischen Reitschule zu Wien, der Spanischen Hofreitschule Jerez und anderer. Die altklassischen Prinzipien galten nicht nur damals, sondern gelten auch heute noch. Wiederentdeckt für uns Freizeitreiter hat diese Reitweise Claus Penquitt, bekannt durch seine Veröffentlichungen sowie durch seine Freizeitreit-Akademie®.

Bevor an den Seitengängen gearbeitet wird, sollten alle jungen Pferde oder jung in der Ausbildung stehenden Pferde, eine Rittigkeit erreicht haben, wie sie das in diesem Buch beschriebene Ausbildungsprogramm zum Ziel hat.

Ich habe alle Übungen und Schritte sorgfältig nach eigenen Erfahrungen erwogen.

Danach stehen alle Wege offen, ob in der klassischen Arbeit, der iberischen oder der modernen Westernreitweise. Und wer keine Lust hat, sich noch intensiver mit dressurlicher Arbeit zu beschäftigen, hat dennoch ein rittiges und gymnastiziertes Pferd, an dem er viel Freude haben wird. Aber ich bin sicher: Es riecht nach »mehr«.

The Making Of ...

Es gibt nichts Schlimmeres als Vorworte, Nachworte und Danksagungen. Das war meine Einstellung bis zu dem Zeitpunkt, als es wirklich ernst wurde mit diesem Buchprojekt. Es war ja nicht wirklich eines, als ich 1995 begann, die ersten Zeilen zu schreiben. Ein langweiliger, verregneter Urlaub in der Lüneburger Heide und Frust über eine gescheiterte Beziehung waren die Triebfeder. Diese Aufzeichnungen waren zunächst lediglich Gedächtnisstütze für die Übungen, die

Die Buchmacher: Michael, Ruth, Hartmut, Inge und Kati.

ich in diesem Zusammenhang ausprobiert und gelernt hatte. Erst viel später kam mir die Idee, ein Manuskript daraus zu machen.
Eine meiner damaligen Schülerinnen erklärte sich dann dazu bereit, das Ganze in geschliffene Worte zu fassen und mich bei der Idee tatkräftig zu unterstützen. Ruth Stark begleitete mich über all die Jahre und motivierte mich immer wieder neu. Sie machte mir Mut, hörte sich all meine Gedanken an und setze sie in Textform um. Sie inspirierte oder korrigierte meine Worte. Dieses Buch ist auch ihr Werk. Ihr gilt mein erster und ganz besonderer Dank. Ohne ihre Unterstützung wäre dieses Werk vielleicht nicht veröffentlicht worden.
Claus Penquitt, meinen Mentor, brauche ich kaum noch zu erwähnen. Er kennt mich, wie kaum einer und bremste mich vor der Reife, wenn nötig. Ich danke ihm für meinen Weg.
Großartige Unterstützung erfuhr ich immer in meinem Leben durch meine Eltern, denen ich so unendlich viel verdanke, dass ich Ihnen dieses Buch widmen möchte. Alle weiteren Worte wären an dieser Stelle zu wenig.
Es gab viele, die mich motivierten oder mir einfach nur zusprachen, aber nur eine Schülerin, die in aller Konsequenz umsetzte, was ich lehrte und

schrieb. Sie lernte von mir, diskutierte mit mir und entwickelte ihren Stil mit jungen Pferden umzugehen, der mir voll aus dem Herzen spricht. Nicht nur, dass sie unsere Reitweise mochte und lernen wollte, sie fühlte sich in mein Denken hinein und machte es sich zu Eigen. Zeigt jeden Tag in der praktischen Arbeit, dass wir auf einem guten gemeinsamen Weg sind. Eine Partnerin von Herz zu Herz. Carmen Lux stellt infrage, fordert und denkt weiter. Es gibt viele Sequenzen in diesem Buch zu denen sie intensiv und fröhlich beigetragen hat. Die tiefe Zuneigung und Liebe zu den Pferden verbindet uns.

Es wäre müßig, die Reihe derjenigen aufzustellen, die mich unterstützt haben. Erwähnt seien noch mein unglaublich innovativer Fotograf Michael Kobusch, meine Lektorin, die »Königin« Claudia König, die Malerin Ingeborg Mostowy, sowie all meine Pferde und Schüler, die zu meinem Erfahrungsschatz beigetragen haben.

In der Pflicht, meine wichtigsten Pferde zu erwähnen: *Black Velvet* (Welsh-Cob Stute), *Canela* (Andalusier Stute), *Genuine Doc Reed* (American Quarter Horse), *Dhaly* (Andalusier x Hispano-Araber), *Hajati* (Hispano-Araber, Sohn von Canela) und *Minas* (Arabisches Vollblut), sowie Carmens Halbedelstein, *Onyx* (Partbredaraber). Und im Besonderen *Jaguar*, genannt *Jacu*, ein Vollblut Lusitano, der es mir nicht leicht machte und all mein Wissen abverlangte. Heute ist er mein vertrauter Partner.

Zuletzt danke ich auch noch den Innovatoren, für die höheren Weihen der Reiterei, wie Britta Rasche und »Männi« Hans-Jürgen Mouhlen sowie Herrn Arthur Kottas-Heldenberg von der Spanischen Hofreitschule in Wien.

Und ohne Rita Heikamp, die ich zu Eingang des Buches erwähnt habe, wäre »Mann« nie aufs Pferd gekommen.

Ein jeder hat dazu beigetragen, mein Bild abzurunden und mich immer wieder bestätigt, in meiner Absicht für Freizeitreiter eine handfeste, nachvollziehbare Lehre zu erstellen.

Serviceteil

Kontaktadressen in Deutschland

Hartmut Luther, Hattingen
CP-Trainer, SHR-Trainer
Handy: +49-(0)177-7407400
E-Mail-Adresse:
hartmut.luther@imail.de
Webseite: www.soft-horse-riding.de

Ruth Stark, Düsseldorf
SHR-Büro / Management
Handy: +49-(0)172-2666363
E-Mail-Adresse:
Ruth.Stark@onlinehome.de

Carmen Lux, Essen
SHR-Trainerin, CP-Trainerin in Ausbildung
Handy: +49-(0)172-2406805
E-Mail-Adresse:
Carmen.Lux@onlinehome.de

Claus Penquitt, Hiddingen
Die Freizeitreit-Akademie®
Tel.: +49-(0)4262-724
E-Mail-Adresse:
Claus.Penquitt@t-online.de

Kontaktadresse in Österreich

Mag. Gabriela Fechner, Wien
Projekt-Management »Leben mit Pferden«, Neusiedler See
Kurs-Organisation nach CP / SHR u.a.
Handy: +43-(0)664-2302860
E-Mail-Adresse:
gabriela.fechner@nusurf.at
Webseite: www.leben-mit-pferden.at

Weiterführende Literatur

Claus Penquitt
Die Neue Freizeitreiter Akademie
Reiten nach altklassischen, altkalifornischen und iberischen Vorbildern
Stuttgart, 2001

Bent Branderup / Eberhard Kern
Barockes Reiten
nach F. R. de la Guérinière
Über die Ausbildung des Pferdes
Wentdorf, 2000

Michael Geitner
Be strict!
Denken wie ein Pferd
Stuttgart, 2001

Richard Hinrichs
Pferde schulen an der Hand
Wege zum Lösen und Versammeln
Stuttgart, 1999

Sadko G. Solinski
Reiter, Reiten, Reiterei
Die Grundlagen pferdegemäßen Reitens
Hildesheim, 1983

Phillip Karl
Reitkunst
Klassische Dressur bis zur Hohen Schule
München,1999

Desmond Morris
Horsewatching
Die Körpersprache des Pferdes
München, 1998

Stichwortverzeichnis